W0223832

Gesa Louise Füßle, Bettina Malek

Grammatik im Griff
Französisch 1. / 2. Lernjahr

Klett Lerntraining

Hinweis:
Zu diesem Buch gehört ein Online-Angebot unter www.notenimgriff.de.
Der Zugriff auf dieses Online-Angebot ist gewährleistet bis 2016.

Bibliografische Information der Deutschen Bibliothek
Die Deutsche Bibliothek verzeichnet diese Publikation in der Deutschen Nationalbibliografie; detaillierte bibliografische Daten sind im Internet über http://dnb.ddb.de abrufbar.

Auflage 4. 3. 2. 1. | 2015 2014 2013 2012
Die letzten Zahlen bezeichnen jeweils die Auflage und das Jahr des Druckes.
Dieses Werk folgt der gültigen Rechtschreibung und Zeichensetzung. Ausnahmen bilden Texte, bei denen künstlerische, philologische oder lizenzrechtliche oder andere Gründe einer Änderung entgegenstehen.

Internetadresse: www.klett.de/lernhilfen
Illustrationen:
S.9: Bleistift, Rucksack, Heft: Helga Merkle, Albershausen; Mäppchen: Elsie Lennox; Radiergummi: Francois Davot, Troyes; Buch: Klett-Archiv, Stuttgart.
S.17: Bananen: Helga Merkle, Albershausen; Äpfel: Guy Delcourt Production, Duchesne, Thierry, Paris; Tomaten: Klett-Archiv, Stuttgart; Pfeffermühle: Vera Brüggemann, Bielefeld.
Umschlaggestaltung: Sabine Kaufmann, Stuttgart
Umschlagfoto: Klett-Archiv, Stuttgart; Fotograf: Thomas Weccard, Ludwigsburg
Produktsteuerung: Christine Sämann
Redaktion: Dr. Nathalie Karanfilovic, Stuttgart
Satz: Arnold & Domnick, Leipzig
Druck: Medienhaus Plump, Rheinbreitbach
Printed in Germany
ISBN: 978-3-12-927247-3

9 783129 272473

INHALTSVERZEICHNIS

Satzstruktur und Wortstellung

9

So übst du mit diesem Buch

Liebe Schülerin, lieber Schüler,

endlich die französische Grammatik kapieren – hast du dir das auch schon mal gewünscht? Dann ist „Grammatik im Griff" genau das richtige Übungsbuch für dich.
Dieses Buch hilft dir dabei, alle wichtigen Themen der französischen Grammatik zu wiederholen und zu üben.

So gehst du am besten vor:

- Suche aus dem Inhaltsverzeichnis das Themengebiet heraus, das du wiederholen möchtest.
- Beginne jedes Kapitel, indem du das Merkwissen im grünen Kasten durchliest. Dort steht alles, was du zu diesem Thema wissen und können solltest.
- Danach kannst du alles in immer wechselnden Aufgabenstellungen einzeln üben. Viele Aufgaben kannst du nicht im Buch lösen. Lege dir ein Übungsheft zu, in dem du längere Aufgaben bearbeitest.
- Vergleiche anschließend deine Antworten mit den Lösungen.

Hast du ein komplettes Kapitel durchgearbeitet? Dann kannst du deinen Lernerfolg mit den kostenlosen Abschlusstests online überprüfen.
Deine Ergebnisse kannst du in dieses Buch übertragen. Am Ende jedes Kapitels findest du dafür eine Tabelle.
Wie du zu den kostenlosen Abschlusstests kommst, erfährst du auf der nächsten Seite.

So funktioniert der Abschlusstest online

1. So meldest du dich an:
Gehe auf **www.notenimgriff.de** und registriere dich beim ersten Mal mit deiner E-Mail-Adresse und einem von dir selbst ausgewählten Benutzernamen und Passwort.
Bist du registriert, erwartet dich eine Übersicht über alle Übungsbücher dieser Reihe. Klickst du dein Buch an, erhältst du eine Kapitelübersicht.
Gib nun **oben rechts** folgenden **Code** ein:

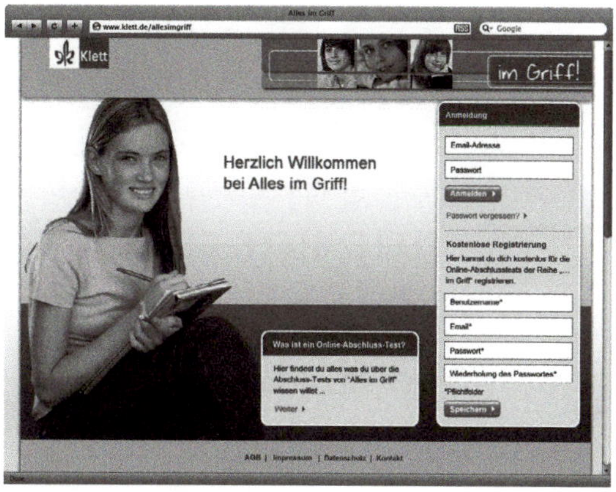

FU5GR12

Die kostenlosen Tests sind nun für dich freigeschaltet.

2. So testest du dich:
Klickst du ein Kapitel an, werden die vorhandenen Tests angezeigt. Jeden Test kannst du beliebig oft wiederholen, mittendrin abbrechen und später beenden. Wenn du **alle** Aufgaben eines Tests gemacht hast, bekommst du eine Auswertung mit deinem Ergebnis und kannst dir die Lösungen anzeigen lassen.

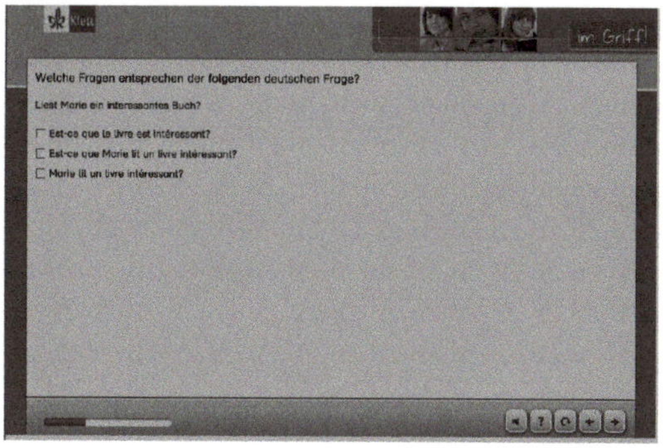

1 Artikel und Nomen

1.1 Der unbestimmte Artikel – Singular

Im Französischen gibt es im Singular **zwei unbestimmte Artikel**: *un* und *une*. Die unbestimmten Artikel entsprechen im Deutschen: *ein* und *eine.*

Für ein **maskulines Nomen** brauchst du: ***un***
Für ein **feminines Nomen** brauchst du: ***une***

Beispiele:
un frère / une sœur – *ein Bruder / eine Schwester*
un copain / une copine – *ein Freund / eine Freundin*

Achte darauf, dass die Nomen im Deutschen und Französischen nicht das gleiche Geschlecht haben müssen und unterschiedlich sein können, z. B.:

un dessin – *eine Zeichnung*
une poubelle – *ein Mülleimer*

Ein Nomen kann nie alleine stehen. Es steht immer in Verbindung mit einem Begleiter. Hier ist der unbestimmte Artikel der Begleiter des Nomens.

Lerne die Nomen immer zusammen mit dem Artikel. Am besten markierst du dir auch das Geschlecht der Nomen beim Vokabellernen, z. B. blau für die maskulinen Nomen und rot für die femininen Nomen.

Einige Nomen können auch maskulin und feminin sein, je nachdem ob eine Frau oder ein Mann damit bezeichnet wird, z. B.:

un / une prof(esseur) – *ein Lehrer / eine Lehrerin*

un / une élève – *ein Schüler / eine Schülerin*

Aufgabe 1

Ordne die folgenden Nomen richtig zu. Sind diese maskulin oder feminin? *Un* oder *une*? Schreibe die Nomen in die richtige Spalte.

dessin – frère – copain – affiche – fille – sœur – garçon – copine

un	une

Aufgabe 2

Was bringst du alles in die Schule mit? Schau dir die Bilder an und ergänze das Nomen mit dem richtigen unbestimmten Artikel.

a) un ________________

b) ________________

c) ________________

d) ________________

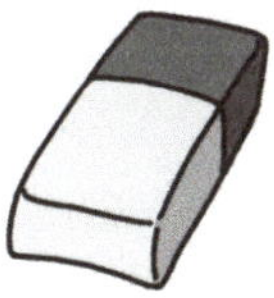

e) ________________

f) ________________

1.2 Der bestimmte Artikel – Singular

Genau wie beim unbestimmten Artikel gibt es einen bestimmten Artikel für maskuline Nomen und einen bestimmten Artikel für feminine Nomen. Im Singular heißen die Artikel *le* und *la*. Die bestimmten Artikel entsprechen im Deutschen: *der* und *die*.

Für ein **maskulines Nomen** brauchst du: ***le***
Für ein **feminines Nomen** brauchst du: ***la***

Beispiele:
le frère / la sœur – *der Bruder / die Schwester*
le copain / la copine – *der Freund / die Freundin*

Allerdings musst du dir hier eine Besonderheit merken: Beginnt das Nomen, das dem Artikel folgt, mit einem Vokal (also: a, e, i, o, u) oder mit einem stummen h (z. B. *heure*), wird *le* und *la* zu *l'* verkürzt.

Nun kannst du nicht mehr erkennen, ob das Nomen männlich oder weiblich ist, z. B.:
l'ami / l'amie – *der Freund / die Freundin*

Denke daher beim Vokabellernen daran, diese Nomen mit den unbestimmten Artikel zu lernen.

Aufgabe 3

Ersetze bei den folgenden Nomen den unbestimmten Artikel durch *le* oder *la*.

a) un cahier ____________ cahier

b) une gomme ____________ gomme

c) un livre ____________ livre

d) une trousse ____________ trousse

e) un sac ____________ sac

Aufgabe 4

Welches Geschlecht haben die folgenden Nomen? Ersetze den bestimmten Artikel *l'* durch *un* oder *une*. Als Lernhilfe kannst du dir anschließend die Nomen mit blau und rot markieren.

a) l'ordinateur ____________ ordinateur

b) l'escalier ____________ escalier

c) l'amie ____________ amie

d) l'heure ____________ heure

e) l'hôtel ____________ hôtel

Aufgabe 5

Ergänze den Text mit dem richtigen bestimmten Artikel.

a) Voilà ____________ classe de Marie-Anne.

b) Julie est ____________ copine de Marie-Anne.

c) Et Rachid est ____________ copain de Marie-Anne.

d) C'est ____________ heure d'aller en classe.

e) ____________ prof prend ____________ livre et ____________ cahier.

Aufgabe 6

Ergänze den Text mit dem richtigen bestimmten oder unbestimmten Artikel.

a) Voilà _______________ sac. C'est _______________ sac de Pierre.

b) Voilà _______________ chien. C'est _______________ chien de Julie.

c) Voilà _______________ chat. C'est _______________ chat de Manon.

d) Et voilà _______________ portable. C'est _______________ portable de Luc.

1.3 Der Plural der Nomen

Wie im Deutschen gibt es einen **bestimmten Artikel** für die Nomen im Plural. Unabhängig vom Geschlecht heißt dieser: ***les***. Das entspricht dem deutschen Artikel: *die*.

le frère → les frères (*der Bruder / die Brüder*)
la sœur → les sœurs (*die Schwester / die Schwestern*)

Anders als im Deutschen gibt es im Französischen auch einen **unbestimmten Artikel** im **Plural**. Dieser lautet: ***des***.
Des gilt sowohl für maskuline als auch für feminine Nomen.

un dessin → des dessins
une poubelle → des poubelles

Wenn ein Nomen im Plural verwendet wird, wird bei den meisten Nomen ein –s für den Plural angehängt. Denke bei der Schreibung immer daran. Das –s des Artikels wird nicht mit gesprochen.

Ausnahme: Wörter, die mit Vokal oder stummem h beginnen. Hier wird das -s gebunden:
le**s h**eures – le**s a**mies
de**s he**ures – de**s a**mies

Nomen, die mit -eau, -eu, -au und -ou enden, erhalten ein –x:
un jeu → des jeux (*ein Spiel / die Spiele*)

Beachte, wenn ein Nomen bereits im Singular auf –s endet, brauchst du nicht noch ein zweites -s anhängen. Das Nomen bleibt dann unverändert.

Abkürzungen wie CD oder DVD bekommen ebenso kein Plural-s-.
un / le DVD → des / les DVD

Aufgabe 7

Setze die folgenden Nomen in den Plural. Verwende den bestimmten Artikel. Achte auf die Pluralendungen.

a) l'école ______________________________

b) le CD ______________________________

c) la cantine ______________________________

d) le cadeau ______________________________

Aufgabe 8

Setze die folgenden Nomen in den Plural. Verwende den unbestimmten Artikel. Achte auf die Pluralendungen.

a) une infirmerie ______________________________

b) un élève ______________________________

c) un CDI ______________________________

d) un jeu ______________________________

Aufgabe 9

Bilde Sätze wie im Beispiel.

Beispiel: Voilà **des** photos. → **Les photos** sont pour mamie.

a) Voilà __________ croissants. → __________________________ sont pour le petit-déjeuner.

b) Voilà __________ CD. → ____________________ sont pour l'école.

c) Voilà __________ gâteaux. → __________________________ sont pour l'anniversaire de papi.

d) Voilà __________ œufs. → ____________________ sont pour le gâteau.

1.4 Die Präpositionen *à* und *de* und der bestimmte Artikel

Die Präposition *à* und der bestimmte Artikel

Trifft die Präposition *à* auf den bestimmten Artikel, musst du folgende Regeln beachten:

à + le → **au**	*à* und *le* verschmelzen zu *au*
à + la → à la	*à* und *la* bleibt *à la*
à + l' → à l'	*à* und *l'* bleibt *à l'*
à + les → **aux**	*à* und *les* verschmelzen zu *aux*

Beispiele:
Je suis **au** collège. (le collège)
Nous sommes **à la** cantine. (la cantine)

Die Präposition *de* und der bestimmte Artikel

Trifft die Präposition *de* auf den bestimmten Artikel, musst du folgende Regeln beachten:

de + le → **du**	*de* und *le* verschmelzen zu *du*
de + la → de la	*de* und *la* bleibt *de la*
de + l' → de l'	*de* und *l'* bleibt *de l'*
de + les → **des**	*de* und *les* verschmelzen zu *des*

Beispiele:
Pierre vient **de** l'infirmerie.
Voilà, une photo **des** élèves.

Aufgabe 10

Setze die Präposition *à* + bestimmter Artikel richtig ein.

au – à la – aux – au – à l'

a) Marie est ___________ maison.

b) Son frère est ___________ club de foot.

c) Ses parents sont encore ___________ travail.

d) Sa sœur est ___________ hôpital.

e) Son chien est ___________ toilettes.

Aufgabe 11

Setze die Präposition *de* + bestimmter Artikel richtig ein.

du – de la – des – du – de l'

a) Voilà une photo ___________ famille de Marie.

b) Voilà une photo ___________ frère de Marie.

c) Et c'est une photo ___________ parents.

d) Et là, une photo ___________ appartement.

e) Et une photo ___________ chien.

Aufgabe 12

Muss eine Form mit *à* oder mit *de* eingesetzt werden?

Je rentre ___________ collège et je vais ___________ club de tennis. Mais maman cherche les clés ___________ appartement et ___________ voiture. Enfin, elles sont là. Vers 18 heures, je rentre ___________ maison et je vais ___________ cinéma avec une copine.

1.5 Teilungsartikel *de* und die Mengenangaben

Die Mengenangaben

Um eine Mengenangabe auszudrücken, verwendest du zwischen der Mengenangabe und dem folgenden Nomen ***de***.
Vor Vokal und stummem h wird auch hier *de* zu *d'* verkürzt.

Beispiele:
Aujourd'hui, j'ai **beaucoup de** devoirs.
Mais ma sœur a **peu de** devoirs.
Et mon frère **n'**a **pas de** devoirs.

Weitere Mengenangaben mit *de* sind zum Beispiel:
trop de, un kilo de, un verre de, une bouteille de

Du siehst, es handelt sich hier um Wörter, die eine bestimmte (*un kilo de, un verre de*) oder eine unbestimmte Menge (*beaucoup de, trop de*) ausdrücken.

Handelt es sich bei dem Nomen, das der Mengenangabe folgt, um eine **unbestimmte / nicht zählbare Menge**, so steht das Nomen im **Singular**:
z. B.: *J'achète un kilo de **café**.*

Handelt es sich bei dem Nomen, das der Mengenangabe folgt, um eine **bestimmte / zählbare Menge**, so steht das Nomen im **Plural**:
z. B.: *Je prends un kilo de **tomates**.*

Der Teilungsartikel *de*

Nun lernst du eine weitere Form, um Mengenangaben anzugeben, kennen.
Der Teilungsartikel *du, de la, de l'* wird für Nomen verwendet, die nicht zählbar sind. Er wird aus ***de*** und dem **bestimmten Artikel** gebildet.
Im Deutschen steht hier kein Artikel.

Beispiele:

Pour le petit-déjeuner,	*Zum Frühstück*
je prends du pain,	*nehme ich Brot,*
je prends de la confiture,	*nehme ich Marmelade,*
je prends de l'eau minérale.	*nehme ich Mineralwasser.*

VERB + TEILUNGSARTIKEL + NOMEN

Präge dir außerdem folgende Regel ein:
Nach der Präposition ***avec*** brauchst du den Teilungsartikel.
Auf die Präposition ***sans*** folgt kein Teilungsartikel.
Beispiele:
Tu veux ton crêpe **avec du** sucre?
Non, je le prends **sans** sucre.

Aufgabe 13

Du bist auf dem Markt. Was kaufst du ein?

J'achète …

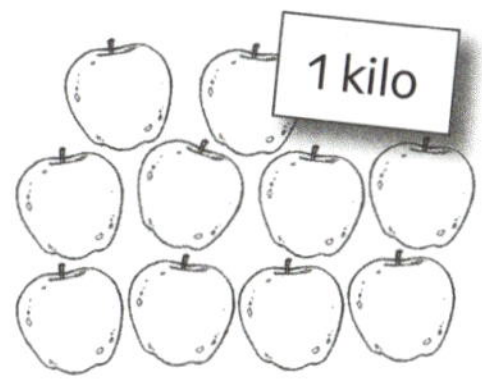

____________________ ____________________

____________________ ____________________

Aufgabe 14

Übersetze die folgenden Mengenangaben.

a) viele Schüler ______________________________

b) ein Glas Wasser ______________________________

c) ein wenig Zucker ______________________________

d) zwei Kilo Orangen ______________________________

Aufgabe 15

Du sitzt am Frühstückstisch. Setze den richtigen Teilungsartikel ein. Wenn kein Teilungsartikel nötig ist, streiche die Lücke durch.

Alors, pour le petit-déjeuner, je prends ____________ café avec ____________ sucre mais sans ____________ lait. Je mange ____________ pain, ____________ confiture et ____________ miel.

Mais il y a aussi ____________ yaourts, ____________ jus d'orange et ____________ jambon.

Aufgabe 16

Beantworte folgende Fragen.

Je prends deux kilos de bananes?

a) Non, nous ____

Tu veux du sucre dans ton café?

b) Non, je ____

Ils font du sport?

c) Non, ils ____

Online-Abschlusstest 1

Bravo, nun hast du **Kapitel 1 – Artikel und Nomen** deines Übungsbuches durchgearbeitet und die wichtigsten Regeln zum Thema Artikel und Nomen wiederholt. Du hast in diesem Kapitel gelernt, dass es im Französischen je einen Artikel (unbestimmt und bestimmt) für die maskuline und für die feminine Form im Singular gibt. Außerdem hast du den bestimmten und den unbestimmten Artikel im Plural kennen gelernt.
Und du hast dir noch einmal einen Überblick zu den Präposition *à* und *de* sowie zu den Mengenangaben verschaffen können.

So funktioniert der Online-Test:
Unter **www.notenimgriff.de** kannst du jetzt deinen Lernerfolg überprüfen. Zu allen Themen dieses Kapitels werden dir Aufgaben gestellt. Wenn du sie bearbeitet hast, erhältst du am Ende des Tests eine Auswertung.
Willst du immer im Blick haben, welche Themen du schon kannst oder was du besser nochmals wiederholst? Dann übertrage deine Online-Ergebnisse unten in die Tabelle.
Du findest in der Tabelle alle Themen wieder, die du auch online bearbeitet hast.

Viel Erfolg beim Online-Test!

Mein Ergebnis im Online-Test – Kapitel 1

Thema	Mein Ergebnis
Der Artikel	
Plural der Nomen	
Präpositionen *à* und *de* und der bestimmte Artikel	
Mengenangaben und der Teilungsartikel *de*	

2 Pronomen und Begleiter

2.1 Die Personalpronomen

Die verbundenen Personalpronomen

1. Person Singular	je	*ich*
2. Person Singular	tu	*du*
3. Person Singular	il / elle / on	*er / sie / es*
1. Person Plural	nous	*wir*
2. Person Plural	vous	*ihr*
3. Person Plural	ils / elles	*sie*

Die Personalpronomen werden auch **Subjektpronomen** genannt. Sie richten sich in Geschlecht und Numerus nach dem Nomen. Sie stehen immer in Verbindung mit einem Verb. Vor Vokal wird *je* apostrophiert *j'*. *On* wird häufig in der Umgangssprache für die *nous*-Form verwendet. Beispiele:
Je vais en ville. / **J'**achète un CD.
Nous cherchons les livres. / **On** cherche des livres.

Die unverbundenen (betonten) Personalpronomen

moi	toi	lui / elle
nous	vous	eux / elles

Die unverbundenen Personalpronomen stehen nach Präpositionen, in verkürzten Sätzen oder können eine Hervorhebung ausdrücken, z. B.:

Nous allons au cinéma. Et **vous**?	→ verkürzter Satz ohne Verb
Tu pars avec **eux**?	→ nach Präposition
Moi, je vais au cinéma.	→ Hervorhebung

Im Deutschen werden die Pronomen nur durch eine betonte Aussprache hervorgehoben: **Ich** gehe ins Kino.

Aufgabe 1

Übersetze die folgenden Aussagen.

a) ich möchte ______________________

b) wir mögen ______________________

c) er hat ______________________

d) sie gehen (Emma und Léa) ______________________

Aufgabe 2

Ergänze die fehlenden Personalpronomen.

a) __________ vont au cinéma. (Marie et Claire)

b) __________ font une promenade dans le parc. (Pierre et Sophie)

c) __________ jouent au foot dans la cour. (Thierry et Luc)

Aufgabe 3

Setze die richtigen unverbundenen Personalpronomen ein.

– Salut, c'est __________, Charlotte. Qu'est-ce que vous voulez faire aujourd'hui, Marielle et __________? Avec Pierre, on va au café «Paus'» … Vous venez avec __________?

– Marielle, __________, elle fait ses devoirs. Moi et mon frère, __________, nous aidons ma mère dans la cuisine. Peut-être demain?

Die Possessivbegleiter

Bei den Possessivbegleitern (= Possessivpronomen) musst du unterscheiden, ob sich die Begleiter auf **einen** oder **mehrere Besitzer** beziehen.

Hier die Formen des Possessivbegleiters mit **einem Besitzer**:

Nachfolgendes Nomen steht im **Singular (mask.)**	Nachfolgendes Nomen steht im **Singular (fem.)**	Nachfolgendes Nomen steht im **Plural (mask. u. fem.)**
mon	ma	mes
ton	ma	tes
son	sa	ses

Beispiele:
Félix montre **sa sœur**, **son frère** et **ses parents** sur une photo:
«C'est **ma sœur** et ça, c'est **mon frère**. Et voilà **mes parents.**»

Beginnt das folgende Nomen im Singular feminin mit einem Vokal oder stummem h, nimmst du die maskuline Form: mon ami – mon amie

Bei **mehreren Besitzern** werden folgende Formen verwendet:

Nachfolgenes Nomen im **Singular**	Nachfolgendes Nomen im **Plural**
notre	nos
votre	vos
leur	leurs

Beachte, dass sich die Possessivbegleiter nach dem **Genus und Numerus** des **folgenden Nomens** richten und nicht nach dem Genus des Besitzers, z. B.:
Et voilà **notre voiture**. – *Und hier ist unser Auto.*
Et nos **deux chiens**. – *Und unsere beiden Hunde.*

Votre und *vos* werden auch für die Höflichkeitsform verwendet.

Aufgabe 4

Sarah stellt ihrer Austauschpartnerin ihre Freunde vor. Setze die fehlenden Possessivbegleiter (ein Besitzer) ein.

sa – mon – son – mes – ses – ma

Voilà ___________ copains. Ça, c'est ___________ copain Alfredo:

___________ parents sont des Italiens. Et voilà ___________ copine Alexandra

avec ___________ sœur Fleur et ___________ frère Maris.

Aufgabe 5

Wem gehört was? Vervollständige die Sätze.

a) Le sac est à moi. C'est ___________ sac.

b) Les jeux sont à Lucas. Ce sont ___________ jeux.

c) La guitare est à Marie. C'est ___________ guitare.

d) La chambre est à Léo. C'est ___________ chambre.

e) La maison est à Luc et Théo. C'est ___________ maison.

f) Le chien est à toi et Pierre? C'est ___________ chien?

Aufgabe 6

Übersetze diese Wortgruppen und verwende dabei die richtigen Possessivbegleiter. Gehe dabei von mehreren Besitzern aus.

a) unsere Familie ______________________________

b) ihr Geschäft ______________________________

c) unsere Katzen ______________________________

d) eure Hunde ______________________________

e) ihre Freundinnen ______________________________

2.3 Die Demonstrativbegleiter *ce, cet, cette, ces*

Die Demonstrativbegleiter *ce, cet, cette, ces* brauchst du, um auf eine Person oder eine Sache hinweisen zu können.
Sie entsprechen im Deutschen: *dieser, diese, dieses, diese.*

Sie richten sich in Numerus und Genus nach dem folgenden Nomen:

	maskulin	**feminin**
Singular	ce	cette
Singular vor Vokal und stummem h	cet	cette
Plural	ces	ces

Beispiel:
Je prends **ce cadeau, cet ordinateur, cette caméra** et **ces albums.**

Achte beim Sprechen auf die Bindung, z. B.: bei
cet ami / cette amie / ces amis

Achte beim Schreiben gut auf den Unterschied von Possessiv- und Demonstrativbegleiter, z. B. ces amis / ses amis.

Wird der Demonstrativbegleiter mit einer Tageszeit verwendet, bedeutet *ce* heute: ce matin / cet après-midi = *heute Morgen / heute Nachmittag*

Aufgabe 7

Setze die richtigen Demonstrativbegleiter ein.

– Regarde __________ portable et __________ baskets. C'est cool ici!

– Non, je trouve __________ ordinateur cool. Mais j'aime bien __________ magasin. On trouve tout ici. Regarde __________ robe!

Aufgabe 8

Bringe die Satzteile in die richtige Reihenfolge.

a) . / robe / cette / jolie / très / est

____

b) grand / ce / trop / pantalon / . / est

____

c) aimes / tu / ces / ? / de ma mère / pulls

____

d) cet / mon père / album de David Guetta / achète / .

____

Aufgabe 9

Übersetze die folgenden Sätze. Achte gut auf den richtigen Demonstrativbegleiter.

a) Dieses Geschäft mag ich sehr gerne.

____

b) Wir wohnen in dieser Wohnung.

____

c) Sie bereiten dieses Plakat vor.

____

d) Heute Abend gehen wir ins Kino.

____

e) Hast du diese Fahrkarten?

____

2.4 Der Fragebegleiter *quel*

Mit dem Fragebegleiter *quel* kannst du Fragen formulieren.
Er entspricht im Deutschen: *welcher*, *welches*, *welche*, *welche*.

Quel richtet sich in **Numerus und Genus nach dem Nomen**, auf das es sich bezieht:

	Maskulin	**Feminin**
Singular	Quel	Quelle
Plural	Quels	Quelles

Beispiele:

Quel pantalon est-ce-que tu achètes?
Quelle robe est-ce-que tu achètes?
Quels pulls est-ce-que tu achètes?
Quelles chaussettes est-ce-que tu achètes?

Achte darauf, dass alle Formen von *quel* gleich ausgesprochen werden.

Vor Vokal und stummem h wird das -s mitgesprochen:
Quelle**s** **a**ffiches? / Quel**s** **hô**tels?

Aufgabe 10

Setze die folgenden Fragebegleiter in die Lücken ein.

quelles – quelle – quels – quel – quelle

a) Tu as ____________________ âge?

b) Tu vas à ____________________ école?

c) Tes cours commencent à ____________________ heure?

d) Tu parles ____________________ langues?

e) Tu lis ____________________ livres?

Aufgabe 11

Vervollständige die Fragen und verwende dabei die Formen des Fragebegleiters *quel*.

a) ____________________ activités est-ce que tu aimes?

b) ____________________ animal est-ce que tu préfères?

c) ____________________ sports est-ce que tu fais?

d) ____________________ matière est-ce que tu aimes à l'école?

e) ____________________ CD est-ce que tu aimes écouter?

Aufgabe 12

Übersetze die folgenden Sätze und verwende dabei die Formen des Fragebegleiters *quel*.

a) Welchen Zug nehmen wir heute?

____

b) Von welchem Bahnhof fährt der Zug?

____

2.5 *Tout* als Begleiter des Nomens

Mit *tout* lernst du einen weiteren Begleiter des Nomens kennen.

Auch *tout* richtet sich in **Numerus und Genus nach dem Nomen**, auf das es sich bezieht.

	Maskulin	**feminin**
Singular	tout le	toute la
Plural	tous les	toutes les

Der Ausdruck *tout* + bestimmter Artikel hat im Deutschen zwei Übersetzungen:
- Singular: *der / die / das ganze*
- Plural: *alle*

Beispiele für *tout* + Begleiter + Nomen:
Je range **tout** mon appartement.
Je range **toutes** mes affaires.
Je range **tous** mes livres.

Beachte bei der Aussprache und Schreibung Folgendes:
- Maskulin, Singular und Plural: Du kannst hier keinen Unterschied zwischen diesen Formen hören: [tu]
- Feminin, Singular und Plural: Du kannst hier keinen Unterschied zwischen diesen Formen hören: [tut]

→ Achte also beim Schreiben auf den folgenden Begleiter, so kannst du den Numerus des Nomens erkennen.

→ Pass auf: „Tout le monde" heißt *„alle"*.

Aufgabe 13

Kreuze die richtige Form von *tout* an.

a) J'invite	☐ tous ☐ tout ☐ toute	ma famille pour mon anniversaire.
b) Et j'invite aussi	☐ toutes ☐ tous ☐ toute	mes copines.
c) Mais pas	☐ toutes ☐ tous ☐ tout	mes copains.
c) Et attention,	☐ tous ☐ toute ☐ tout	le gâteau est pour moi. Non, je rigole ;-)
d) Il est pour	☐ tout ☐ tous ☐ toute	le monde.

Aufgabe 14

Übersetze die folgenden Wendungen.

a) den ganzen Tag: ______________________________

b) die ganze Zeit: ______________________________

c) alle meine CDs: ______________________________

d) alle unsere Freunde: ______________________________

Die Objektpronomen

Die direkten Objektpronomen

Die direkten Objektpronomen ersetzen direkte Objekte:

- Tu **me** cherches? Je suis là!
- Oui, je **te** cherche depuis une heure ...
- Ton **portable**? Je ne **le** trouve pas.
- Ta **BD**? Je **la** cherche aussi.
- Tu as mon **livre**? – Oui, je **l'**ai.
- Fred **nous** invite à son anniversaire.
- Il **vous** invite aussi?
- Tes **copains** et **copines**? Oui, tu peux **les** inviter.

Vor Vokal und stummem h werden *le* und *la* zu *l'*.
Me und te werden zu *m'* und *t'* verkürzt.

Die indirekten Objektpronomen

Die indirekten Objektpronomen ersetzen indirekte Objekte:

Tu **me** montres les photos?
Oui, je **te** montre les photos.
Tu montres ta chambre **à Lucas**? – Oui, je **lui** montre.
Et tu montres ta chambre **à Marie**? – Ok, je **lui** montre aussi.
Vous **nous** montrez les photos?
Oui, nous **vous** montrons les photos.
Je demande **à mes parents**. – Je **leur** demande aussi.
Tu ne veux pas téléphoner à ton ami? – Tu ne veux pas **lui** téléphoner?

lui – steht für eine Person, egal ob maskulin oder feminin
leur – steht für mehrere Personen, egal ob maskulin oder feminin

Ob du bei einem Verb ein direktes oder indirektes Objekt brauchst, musst du lernen. Lerne die Verben immer mit ihren Anschlüssen,
z.B.:
aider qn / regarder qn → direktes Objekt: *Je l'aide. / Je te regarde.*
téléphoner à qn → indirektes Objekt: *Je lui téléphone.*

Die Stellung der Objektpronomen

Im Französischen stehen die Objektpronomen vor dem Verb, zu dem sie gehören:

Tu **me** montres les photos? — *Zeigst du mir die Fotos?*
Tu **la** vois? — *Siehst du sie?*

Bei der Verneinung umschließen die Verneinungspartikel *ne … pas* das Objektpronomen und das Verb.
Tu lui montres les photos? – Non, je **ne lui** montre **pas** les photos.
Tu la vois? – Non, je **ne la** vois **pas**.

→ Beachte, bei Verben mit Infinitivanschluss (z. B.: *aimer, aller, pouvoir, savoir, vouloir + faire qc.*) rücken die Objektpronomen vor den Infinitiv:

Elle veut me voir? – Elle ne veut pas te voir.
Tu peux me montrer? – Non, je ne peux pas te montrer.

Aufgabe 15

Handelt es sich hier um ein direktes (DO) oder indirektes (IO) Objektpronomen? Kreuze an und schreibe anschließend das Objektpronomen hinter den Satz.

	DO	IO	Objektpronomen
a) Nous te demandons.	☐	☐	______
b) Je leur montre les devoirs.	☐	☐	______
c) Elle ne va pas les faire.	☐	☐	______
d) Il t'appelle demain?	☐	☐	______
e) Tu veux la ranger?	☐	☐	______
f) Vous lui téléphonez?	☐	☐	______

Aufgabe 16

Setze die richtigen Objektpronomen ein.

a) Lucie prend **son cahier**. Elle ________ met dans son sac.

b) Emma déteste **ces chaussures**. Elle ________ déteste vraiment.

c) Alex aime **la musique rap**. Il ________ écoute souvent.

d) Julie montre le collège **à Pierre**. Elle ________ montre aujourd'hui.

e) Manon donne son portable **à sa prof**. Elle ________ donne.

Aufgabe 17

Beantworte die Fragen. Ersetze die fettgedruckten Satzteile durch ein Pronomen.

a) Félix invite **ses copains**, aujourd'hui? **le – la – les**

Oui, ____

b) Nous fêtons **l'anniversaire de Manon**? **le – la – les**

____

c) Tu donnes le cahier **au prof**? **lui – leur**

____

d) Lisa montre son bulletin **à ses parents**? **lui – leur**

____

Aufgabe 18

Setze das Objektpronomen an der richtigen Stelle im Satz ein.

a) Nous ne ________ entendons ________ pas ________ bien. **vous**

b) Je ne ________ veux ________ pas ________ inviter. **les**

c) Tu ne ________ vas ________ pas ________ demander? **lui**

Online-Abschlusstest 2

Großartig, das **Kapitel 2 – Pronomen und Begleiter** ist bearbeitet. Hier hast du dir noch einmal einen Überblick über Pronomen und Begleiter verschaffen können.

Du hast die unterschiedlichen Formen für Singular und Plural, feminin und maskulin gelernt und die Stellung der Pronomen und Begleiter im Satz.

So funktioniert der Online-Test:
Unter **www.notenimgriff.de** kannst du jetzt deinen Lernerfolg überprüfen. Zu allen Themen dieses Kapitels werden dir Aufgaben gestellt. Wenn du sie bearbeitet hast, erhältst du am Ende des Tests eine Auswertung.

Willst du immer im Blick haben, welche Themen du schon kannst oder was du besser nochmals wiederholst? Dann übertrage deine Online-Ergebnisse unten in die Tabelle.
Du findest in der Tabelle alle Themen wieder, die du auch online bearbeitet hast.

Viel Erfolg beim Online-Test!

Mein Ergebnis im Online-Test – Kapitel 2

Thema	Mein Ergebnis
Personalpronomen	
Possessivbegleiter	
Demonstrativbegleiter und Fragebegleiter	
Tout als Begleiter des Nomen	
Objektpronomen	

3 Die Verben: Das *Présent*

3.1 Die Verben *avoir* und *être*

Die Verben *avoir* und *être* sind Hilfsverben mit einer unregelmäßigen Bildung. Sie heißen auf Deutsch *haben* und *sein*. Präge dir die Formen gut ein, du wirst beide Formen sehr oft verwenden. Später wirst du diese beiden Hilfsverben auch bei der Bildung der zusammengesetzten Zeiten wiederfinden.

Die Formen von *être* und *avoir* im Präsens lauten:

être	**avoir**
je suis	j'ai
tu es	tu as
il / elle / on est	il / elle / on **a**
nous sommes	nous **a**vons
vous **ê**tes	vous **a**vez
ils / elles sont	ils / elles **o**nt

Achtung, diese beiden Formen von *avoir* und *être* sind leicht zu verwechseln. Achte gut auf die Aussprache und die Schreibung:
ils / elles sont – ils / elles ont
→ *ils sont*: mit scharfem -s- gesprochen
→ *ils ont*: mit weichem -s- gesprochen

Aufgabe 1

Ergänze die fehlenden Verbformen von *être* und Personalpronomen.

a) Je ____________ Marie.

b) ____________ es le frère de Léo?

c) On ____________ de Paris.

d) Nous ____________ ici.

e) ____________ êtes Mme Roche?

f) Elles ____________ sympas.

Aufgabe 2

Finde in der Verbenschlange die Formen von *avoir* und schreibe diese mit den oder dem richtigen Personalpronomen auf.

a o n t a i a v o n s a v e z a s

a) ______________________ d) ______________________

b) ______________________ e) ______________________

c) ______________________ f) ______________________

Aufgabe 3

Setze die richtigen Formen von *être* oder *avoir* in die Sätze ein.

Bonjour, je ____________ Yann. Et voilà, mon copain. C' ____________ Marcel. J' ____________ un frère et un chien aussi. Nous ____________ au collège Balzac. Et vous Sarah et Aline, vous ____________ aussi des frères et sœurs?

Aufgabe 4

Bilde mit den folgenden Wörtern Sätze. Bringe die Satzbausteine in die richtige Reihenfolge und setze die richtige Verbform ein.

a) Manon et Pierre / avoir / chien / un / .

____

b) avoir / nous / un / chat / .

____

c) la / mère / vous / être / de / Julie / ?

____

d) Pierre et Alex / être / frères / Marie / de / .

____

3.2 Die Verben *faire* und *aller*

Nun lernst du zwei weitere wichtige Verben mit einer unregelmäßigen Bildung kennen: *faire* (machen) und *aller* (gehen).
Präge dir die Formen gut ein, du wirst beide Formen sehr oft verwenden.

Die Formen von *faire* und *aller* im Präsens lauten:

faire	**aller**
je fais	je vais
tu fais	tu vas
il / elle / on fait	il / elle / on va
nous faisons	nous allons
vous faites	vous allez
ils / elles font	ils / elles vont

Achtung, die Form der 3. Person Plural (*ils / elles*) unterscheidet sich nur durch einen Buchstaben: *ils / elles* ***f****ont* – *ils / elles* ***v****ont*

Nach dem Verb *faire* wird oft die Präposition *de* verwendet.

Nach dem Verb *aller* werden häufig folgende Präpositionen verwendet:
à – für eine Ortsbestimmung
chez – wenn man zu jemandem geht

Aufgabe 5

Ordne die folgenden Verbformen dem richtigen Verb zu. Gehört die Verbform zu *aller* oder zu *faire*?

faisons – allons – va – vont – font – fais – vais – allez – faites – vas – fait

aller	*faire*

Aufgabe 6

Finde in der Verbenschlange die Formen des Verbs *faire*.

faitesfaisfaitfaisonsfaisfont

a) je ______________________

b) tu ______________________

c) elle ______________________

d) nous ______________________

e) vous ______________________

f) ils ______________________

Aufgabe 7

Ergänze die fehlenden Verbformen von *aller*.

a) Je ____________ au ciné.

b) Tu ____________ où?

c) On ____________ à l'école?

d) Nous y ____________.

e) Vous y ____________?

f) Elles ____________ chez Léo.

Aufgabe 8

Setze die richtigen Formen des Verbs *faire* oder *aller* in die Sätze ein.

– Salut, tu ____________ tes devoirs?

– Non, je ne ____________ pas mes devoirs. Et vous, vous ____________ des jeux?

– Non, nous ____________ à la maison. Mais mon frère ____________ au parc.

– Il ____________ du vélo?

– Non, avec ses copains, ils ne ____________ pas du vélo, mais du roller. Et après, ils ____________ au cinéma.

3.3 Die Verben auf *-er*

Die Verben auf *-er* bilden die wichtigste Konjugationsgruppe, da diese Verben am häufigsten vorkommen. Präge dir also die Endungen gut ein, du wirst diese für alle regelmäßig auf *-er* gebildeten Verben brauchen.

Um die gebeugte Verbform zu erhalten, nimmst du den Wortstamm und fügst die entsprechende Endung an:
Den Wortstamm erhältst du, indem du die Endung vom Infinitiv wegstreichst:
Nun fügst du folgende Präsensendungen an:

-e, -es, -e, -ons, -ez, -ent

Schau dir diese Konjugation an dem Beispiel *trouver* an:

Wortstamm von: trouv~~er~~ → trouv
Nun hängst du die entsprechenden Endungen an:

je trouv**e**
tu trouv**es**
il / elle / on trouv**e**
nous trouv**ons**
vous trouv**ez**
ils / elles trouv**ent**

Beachte, dass die Endungen im Singular (*je, tu, il / elle / on*) sowie der 3. Person Plural (*ils / elles*) nicht gesprochen werden. Beim Hören kannst du also keinen Unterschied erkennen, achte beim Schreiben auf die korrekte Endung.

Aufgabe 9

Konjugiere das Verb *chercher*.

a) je ______________________ d) nous ______________________

b) tu ______________________ e) vous ______________________

c) on ______________________ f) elles ______________________

Aufgabe 10

Löse das Kreuzworträtsel. Setze die vorgegebenen Verben in der richtigen Form ein und ergänze anschließend die Sätze.

Waagrecht :
1) chercher – tu
5) chanter – vous
6) écouter – ils
9) aimer – elle

Senkrecht :
2) trouver – il
3) adorer – j'
4) habiter – on
7) jouer – elles
8) regarder – je

1. Tu ____________________ ton cahier?

2. Pierre ____________________ un chien dans la rue?

3. J' ____________________ les gâteaux au chocolat.

4. On ____________________ dans un appartement rue Lepic.

5. Vous ____________________ dans un groupe?

6. Sarah et Lucas ____________________ un CD de rap.

7. Les filles ____________________ dans le parc.

8. Je ____________________ un DVD dans ma chambre.

9. Julie ____________________ les films d'amour …

3.4 Verben auf -er mit Besonderheiten

Die folgenden Verben auf *-er* weisen in einigen Formen Besonderheiten auf, die du dir einzeln einprägen musst.

man**ger** (ebenso z. B.: bou**ger**, chan**ger**, voya**ger**)

je mange
tu manges
il / elle / on mange
nous mang**e**ons
vous mangez
ils / elles mangent

Beachte folgende Besonderheit:
Um die Aussprache der nous-Form zu erhalten, wird bei Verben auf **-ger** zwischen dem „g" und dem „o" ein „**e**" eingefügt.

acheter

j'achète
tu achètes
il / elle / on achète
nous ach**e**tons
vous ach**e**tez
ile / elles achètent

payer

je paie
tu paies
il / elle / on paie
nous payons
vous payez
ils / elles paient
(ebenso z. B.: *envoyer*)

préférer

je préf**è**re
tu préf**è**res
il / elle / on préf**è**re
nous préférons
vous préférez
ils / elles préf**è**rent
(ebenso z. B.: *répéter, espérer*)

appeler

j'appelle
tu appelles
il / elle / on appelle
nous appe**l**ons
vous appe**l**ez
ils / elles appellent

commencer

je commence
tu commences
il / elle / on commence
nous commen**ç**ons
vous commencez
ils / elles commencent

Beachte folgende Besonderheit:
Um die Aussprache der nous-Form zu erhalten, wird beim „c" eine Cédille (**ç**) gesetzt.

Aufgabe 11

Vervollständige die Übersicht mit den richtigen Formen der Verben *manger, acheter, payer, commencer, préférer, appeller*.

manger	je ______________________
acheter	tu ______________________
payer	il ______________________
préférer	elle ______________________
appeler	on ______________________
commencer	nous ______________________
préférer	vous ______________________
appeler	ils ______________________
commencer	elles ______________________

Aufgabe 12

Vervollständige die Sätze mit den richtigen Formen der Verben.

Aujourd'hui, nous ne ______________________ (manger) pas à la maison, nous ______________________ (préférer) aller dans un restaurant. Papa nous invite et il ______________________ (payer) l'addition. Mais d'abord, j'______________________ (appeler) ma copine Estelle et nous ______________________ (acheter) des nouveaux vêtements en ville.

Pourquoi? C'est mon anniversaire aujourd'hui … La journée ______________________ (commencer) bien :-)

3.5 Die Verben auf *-dre*

Die Verben auf *-dre* bilden eine weitere Konjugationsgruppe französischer Verben. Um die Formen zu erhalten, nimmst du wieder den Wortstamm und hängst du die entsprechenden Endungen an:

attend~~re~~ → attend

attendre
j'attend**s**
tu attend**s**
il / elle / on attend
nous attend**ons**
vous attend**ez**
ils / elles attend**ent**

Nach dem gleichen Muster werden z. B. folgende Verben konjugiert:
descendre, entendre, perdre, répondre, vendre

Achtung, nicht alle Verben auf *-dre* (wie z. B. *prendre*) sind regelmäßig.

Aufgabe 13

Setze die richtigen Formen von *attendre* ein.

a) Tu ______________________________ ta sœur?

b) Oui, j'______________________________ Julie. Et mon frère l'

______________________________ aussi!

c) Vous ______________________________ M. Legrand?

d) Non, nous n'______________________________ plus M. Legrand. Il est trop

tard, mais M. et Mme Cissé l' ______________________________ encore.

Aufgabe 14

Vervollständige die Übersicht mit den richtigen Formen der Verben *descendre, entendre, perdre, répondre, vendre*.

descendre	je ____________	nous ____________
perdre	tu ____________	vous ____________
entendre	il ____________	ils ____________
répondre	elle ____________	elles ____________
vendre	on ____________	nous ____________

Aufgabe 15

Übersetze die folgenden Sätze.

a) Ich antworte auf Omas Brief.

____

b) Verkaufen Sie auch Bücher?

____

c) Es gibt Essen, hörst du mich, Charlotte? *(Zu Tisch, hörst du mich, Charlotte?)*

____

d) Meine Schwester verliert oft ihre Schlüssel.

____

e) Wir steigen an der Station „St-Michel" aus.

____

3.6 Die Verben auf *-ir*

Mit den Verben auf *-ir* lernst du eine weitere Konjugationsgruppe der französischen Verben kennen. Hier musst du unterscheiden zwischen den Verben auf *-ir* mit und ohne Stammerweiterung.

Um die Formen zu erhalten nimmst du wieder den Wortstamm und hängst die entsprechenden Endungen an:

Gruppe *partir*: Verben auf ***-ir* ohne Stammerweiterung**	**Gruppe *finir*:** Verben auf ***-ir* mit Stammerweiterung**
je par**s** tu par**s** il / elle / on par**t** nous part**ons** vous part**ez** ils / elle part**ent**	je fini**s** tu fini**s** il / elle / on fini**t** nous fini**ssons** vous fini**ssez** ils / elle fini**ssent**

Weitere Verben der **Verben auf *-ir* ohne Stammerweiterung:**
z. B.: *sortir, dormir*

Weitere Verben der **Verben auf *-ir* mit Stammerweiterung:**
z. B.: *applaudir, choisir, réfléchir, réussir*

Achtung, nicht alle Verben auf *-ir* (wie z. B. *offrir, ouvrir)* sind regelmäßig.

Aufgabe 16

Vervollständige anhand der Konjugationsbeispiele die folgende Übersicht.

dormir	**choisir**
je ______________________	il ______________________
nous ______________________	vous ______________________
ils ______________________	elles ______________________

Aufgabe 17

Löse das Kreuzworträtsel. Setze die vorgegebenen Verben in der richtigen Form ein und ergänze anschließend die Sätze.

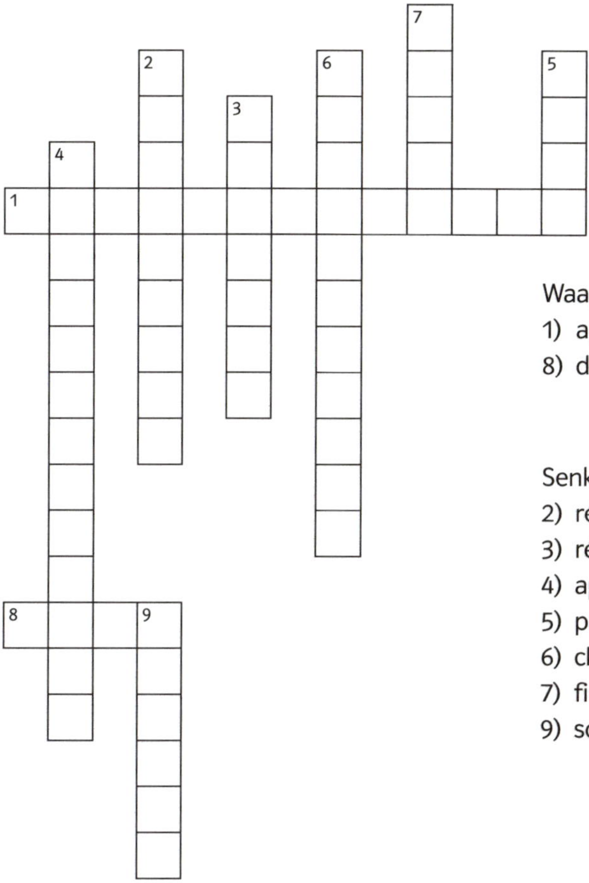

Waagerecht:
1) applaudir – elles
8) dormir – tu

Senkrecht:
2) réfléchir – il
3) réussir – elle
4) applaudir – nous
5) partir – on
6) choisir – ils
7) finir – je
9) sortir – vous

1. Marie et Jeanne ______________________ les acteurs au théâtre.

2. Alex ________________: «Je prends une glace à la vanille ou au chocolat …?» 3. Anne ________________ toujours son gâteau au chocolat. 4. Nous ______________________ les musiciens après le concert?

5. On ________________ à quelle heure? 6. M. et Mme Robinet ______________________ un cadeau pour l'anniversaire de Julie.

7. Je ________________ mes devoirs et j'arrive. 8. Tu ________________ bien dans ce lit? 9. Vous ________________ de l'école à quelle heure?

3.7 Die Verben auf *-ire: dire, écrire, lire, rire*

Die Verben *dire, écrire* und *lire* sind teilweise unregelmäßig.
Du musst die Konjugation dieser Verben einzeln lernen:
Hier eine Übersicht zu den drei Verben:

écrire

j'écris
tu écris
il / elle / on écrit
nous écrivons
vous écrivez
ils / elles écri**v**ent

lire

je lis
tu lis
il / elle / on lit
nous li**s**ons
vous li**s**ez
ils / elles li**s**ent

dire

je dis
tu dis
il / elle / on dit
nous di**s**ons
vous **dites**
ils / elles di**s**ent

Pass auf! *Rire* wird wie ein regelmäßiges Verb konjugiert:
je ris / tu ris / il rit / nous rions / vous riez / ils rient

Aufgabe 18

Vervollständige die Übersicht mit den Verben *écrire, lire* und *dire*.

écrire	**lire**	**dire**
j'__________	tu __________	je __________
on __________	nous __________	il __________
vous __________	vous __________	vous __________
ils __________	elles __________	ils __________

Aufgabe 19

Setze die richtigen Formen von *rire* in die Sätze ein.

Le film est drôle. Je ________________ beaucoup, mon mari

________________ aussi.

Et les enfants? Ils jouent dans la chambre et ________________.

Alors, nous ________________ beaucoup dans notre famille :-)

Aufgabe 20

Übersetze die kleinen Dialoge ins Französische. Achte gut auf die richtigen Formen der Verben *écrire, lire, dire* und *rire*.

a) Schreibst du einen Brief? – Nein, ich schreibe keinen Brief. Mit Jamie schreiben wir ein Gedicht.

____

____

____

b) Liest Oma ein Buch? – Nein, Opa und Oma lesen die Zeitung.

____

____

c) Du sagst nichts? – Ja, ich sage nichts!

____

____

d) Ihr lacht? Warum? – Wir lachen, weil der Film so lustig ist.

____

____

3.8 Unregelmäßige Verben

Die folgenden Verben sind unregelmäßig. Präge dir die Formen gut ein.

vouloir
je / tu **veux**
il / elle / on **veut**
nous voulons
vous voulez
ils / elles **veulent**

pouvoir
je / tu **peux**
il / elle / on **peut**
nous pouvons
vous pouvez
ils / elles **peuvent**

savoir
je / tu **sais**
il / elle / on **sait**
nous savons
vous savez
ils / elles savent

prendre
je / tu prends
il / elle / on prend
nous pr**en**ons
vous pr**en**ez
ils / elles pr**enn**ent

boire
je / tu bois
il / elle / on boit
nous **buvons**
vous **buvez**
ils / elles **boivent**

ouvrir
j'**ouvre**
tu **ouvres**
il / elle / on **ouvre**
nous ouvrons
vous ouvrez
ils / elles ouvrent

venir
je / tu **viens**
il / elle / on **vient**
nous venons
vous venez
ils / elles **viennent**

voir
je / tu vois
il / elle / on voit
nous vo**y**ons
vous vo**y**ez
ils / elles voient

mettre
je / tu me**t**s
il / elle / on me**t**
nous mettons
vous mettez
ils / elles mettent

Weitere unreglmäßige Verben:
conduire, connaître, courir, croire, devoir, plaire, recevoir, vivre

Aufgabe 21

Setze die richtigen Formen von *vouloir* in den Text ein.

– Tu ____________________ aller au cinéma avec Aurélie?

– Oui, nous ____________________ regarder le nouveau film de Brad Pitt

– Vous ne ____________________ pas voir le film avec Jean Dujardin?

Nicolas et Félix ____________________ voir son nouveau film.

– Oh, non … Je ne ____________________ pas voir ce film. Je le connais déjà!

Aufgabe 22

Ergänze die fehlenden Buchstaben von *prendre* und den Personalpronomen.

j __ __ __ __ __ d __ n __ __ s p __ __ __ __ __ s

__ ls __ r __ __ n __ __ t __ u p __ __ __ __ __

Aufgabe 23

Setze die richtigen Formen von *savoir* oder *pouvoir* ein.

– Vous ____________________ arrêter, les enfants? Je ne

____________________ pas travailler avec cette musique!

– Oh, j'en ai marre … Nous ____________________ regarder la télé? …

– Oui … Vous ____________________ où est mon sac les enfants?

– Non maman, nous ne le ____________________ pas. Mais demande à papa.

Il le ____________________ peut-être.

Aufgabe 24

Setze die Formen von *boire* und *ouvrir* richtig in die Sätze ein.

- Qu'est-ce que vous ____________________, les enfants?
- Moi, je ____________________ un jus d'orange.
- Et nous, nous ____________________ de l'eau. Tu ____________________ la bouteille, s'il te plaît?
- Bien sûr, j'____________________ la bouteille. Et pour mamie et papi, nous ____________________ la bouteille de champagne!

Aufgabe 25

Ergänze die fehlenden Buchstaben von *venir* und den Personalpronomen.

j __ __ __ __ __ s n __ __ s v __ __ __ __ s

__ ls __ i __ __ n __ __ t __ u v __ __ __ __

Aufgabe 26

Bilde aus den Buchstaben richtige Formen von *mettre* und *voir*.

vsou yovze ____________________

soun ttmeson ____________________

tu siov ____________________

llees ttmeten ____________________

no tme ____________________

nuos yvoosn ____________________

Online-Abschlusstest 3

Super, geschafft. In dem **Kapitel 3 – Die Verben: Das Présent** hast du noch einmal die wichtigsten Konjugationsformen der Verben wiederholen können. Präge dir die Konjugationsmuster der regelmäßigen Verben gut ein, da diese für die meisten französischen Verben gelten.

Besonders gut musst du auch die Formen der unregelmäßigen Verben lernen, die du außerdem in diesem Kapitel bearbeiten konntest.

So funktioniert der Online-Test:

Unter **www.notenimgriff.de** kannst du jetzt deinen Lernerfolg überprüfen. Zu allen Themen dieses Kapitels werden dir Aufgaben gestellt. Wenn du sie bearbeitet hast, erhältst du am Ende des Tests eine Auswertung.

Willst du immer im Blick haben, welche Themen du schon kannst oder was du besser nochmals wiederholst? Dann übertrage deine Online-Ergebnisse unten in die Tabelle.

Du findest in der Tabelle alle Themen wieder, die du auch online bearbeitet hast.

Viel Erfolg beim Online-Test!

Mein Ergebnis im Online-Test – Kapitel 3

Thema	Mein Ergebnis
Verben *avoir* und *être*	
Verben *faire* und *aller*	
Verben auf *-er*	
Verben auf *-ir* und *-ire*	
Unregelmäßige Verben	

4 *Futur proche* und Imperativ

4.1 Das *Futur proche*

Das ***Futur proche*** wird auch ***Futur composé*** genannt und wird mit der konjugierten Form des unregelmäßigen Verbs *aller* und einem Infinitiv gebildet.

je vais lire	*ich werde lesen*
tu vas lire	*du wirst lesen*
il / elle va lire	*er / sie wird lesen*
nous allons lire	*wir werden lesen*
vous allez lire	*ihr werdet lesen*
ils / elles vont lire	*sie werden lesen*

Das *Futur proche* wird verwendet, um eine Aussage über die Zukunft zu machen. Hinweise darauf geben Wörter wie *demain* (morgen), *lundi prochain* (nächsten Montag) usw.

Beispiel:
Demain, je vais regarder la télé. – *Morgen werde ich fernsehen.*

Die Verneinung wird gebildet, indem *ne … pas* das konjugierte Verb *aller* umschließt.

Beispiel:
Tu **ne** vas **pas** écrire une lettre. – *Du wirst keinen Brief schreiben.*
Nous **n'**allons **pas** écouter la radio. – *Wir werden nicht Radio hören.*

Aufgabe 1

Schreibe die Sätze im *Futur proche*.

a) Tu vas au cinéma.

____

b) Vous faites vos devoirs?

____

c) Ton frère ne lit pas le livre.

____

d) Marie et Romain écoutent un CD de musique pop.

____

e) Je ne mange pas.

____

f) Nous regardons un film.

____

Aufgabe 2

Bilde das *Futur proche* aus dem angegebenen Verb.

a) On (comprendre) ______________________ le texte.

b) Vous (parler) ______________________ allemand.

c) Ils (manger) ______________________ un gâteau.

d) Les filles (acheter) ______________________ un livre.

e) Je (raconter) ______________________ une histoire.

f) Nous (aller) ______________________ à l'école.

g) Elle (faire) ______________________ les courses.

Aufgabe 3

Setze das Personalpronomen in den passenden Satz ein.

ils   elle   je   vous   tu   nous

a) ________ vais faire mes devoirs.

b) ________ allons préparer une fête.

c) ________ vont regarder la télé.

d) ________ vas acheter une robe.

e) ________ va aller au cinéma.

f) ________ allez inviter Léa.

Aufgabe 4

Bilde aus den angegebenen Wörtern Sätze im *Futur proche*.

a) demain / venir / je / chez toi

____

b) il / aller / samedi / au concert

____

c) ouvrir / elle / la fenêtre

____

d) un match de foot / les garçons / regarder

____

e) lundi / raconter / tu / une histoire

____

f) boire / vous / un café

____

Aufgabe 5

Verneine die Antworten.

a) Elle va ouvrir la fenêtre?

Non, ______________________________

b) Il va chercher un cadeau d'anniversaire?

____

c) Nous allons prendre le bus?

____

d) Je vais arriver en retard?

____

e) Tu vas faire une promenade?

____

f) Ils vont partir en vacances?

____

g) On va boire du un café?

____

Aufgabe 6

Übersetze das Verb und schreibe die Form im *Futur proche* auf.

a) suchen: il ______________________________

b) kommen: tu ______________________________

c) sagen: vous ______________________________

d) arbeiten: je ______________________________

e) kaufen: nous ______________________________

f) schreiben: elles ______________________________

4.2 Der Imperativ

Die französische Sprache kennt **drei Formen des Imperativs,** nämlich eine im Singular und zwei im Plural.

2. Person Singular	Écout**e**.	*Hör zu!*
1. Person Plural	Écout**ons**.	*Lasst uns zuhören!*
2. Person Plural	Écout**ez**.	*Hört zu!*
		Hören Sie zu!

Die Form des **Imperativ Singular** entspricht normalerweise der 1. Person Singular Präsens des Verbs.

Beispiel:
Je mange. – *Ich esse.* Mange. – *Iss!*

Eine Ausnahme bildet der Imperativ Singular des Verbs *aller*:
Je vais. – *Ich gehe.* Va. – *Geh.*

Die Formen der **Imperative im Plural** entsprechen normalerweise der 1. und 2. Person Plural Präsens des Verbs.

Beispiel:
Nous mangeons. – *Wir essen.* Mangeons. – *Lasst uns essen!*
Vous mangez. – *Ihr esst./Sie essen.* Mangez. – *Esst!/Essen Sie!*

Der Imperativ wird verwendet, um einen Befehl auszudrücken.
Man kann ihn auch benutzen, um einen Rat zu geben.

Aufgabe 7

Schreibe die Sätze im Imperativ.

a) Je vais à la piscine. ______________________

b) Nous préparons la fête. ______________________

c) Vous mangez beaucoup. ______________________

d) Nous lisons le texte. ______________________

e) Je cherche le téléphone. ______________________

f) Vous invitez les voisins. ______________________

g) Vous faites les courses. ______________________

h) Nous regardons un film. ______________________

i) J'achète deux pommes. ______________________

Aufgabe 8

Setze die angegebenen Imperativformen in die passenden Sätze ein.

achetons invite téléphone viens ouvrez regardons lisez

a) ______________________ un film ensemble !

b) ______________________ ta copine à notre fête.

c) ______________________ à Jean.

d) ______________________ quelque chose à manger.

e) ______________________ le texte.

f) ______________________ la porte.

g) ______________________ avec moi.

Aufgabe 9

Übersetze die Verben und löse das Kreuzworträtsel. Die farbigen Kästchen ergeben das Lösungswort.

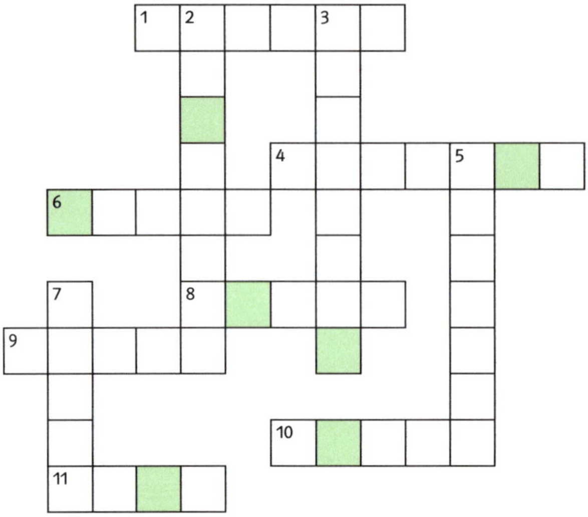

Waagerecht:
1) Essen Sie!
4) Lasst uns öffnen!
6) Lest!
8) Gib!
9) Komm!
10) Zahlen Sie!
11) Geh hinaus!

Senkrecht:
2) Lerne!
3) Lasst uns zuhören!
5) Vergessen Sie!
7) Sagen Sie!

Lösungswort: ___ ___ ___ ___ ___ ___ ___

2 10 11 6 8 4 3

Online-Abschlusstest 4

Toll! Du hast das **Kapitel 4 – Futur proche und Imperativ** durchgearbeitet. Du hast viele Übungen zum Thema Futur gemacht und weißt jetzt, wie der Imperativ gebildet und verwendet wird.

So funktioniert der Online-Test:

Unter **www.notenimgriff.de** kannst du jetzt deinen Lernerfolg überprüfen.
Zu allen Themen dieses Kapitels werden dir Aufgaben gestellt. Wenn du sie bearbeitet hast, erhältst du am Ende des Tests eine Auswertung.

Willst du immer im Blick haben, welche Themen du schon kannst oder was du besser nochmals wiederholst? Dann übertrage deine Online-Ergebnisse unten in die Tabelle.
Du findest in der Tabelle alle Themen wieder, die du auch online bearbeitet hast.

Viel Erfolg beim Online-Test!

Mein Ergebnis im Online-Test – Kapitel 4

Thema	Mein Ergebnis
Das *Futur proche*	
Der Imperativ	

5 Das Passé composé

5.1 Die Bildung des *Passé composé* mit *avoir*

Du kennst bereits das *Présent* (Präsens), um Handlungen in der Gegenwart wiederzugeben und das *Futur composé*, um Handlungen in der Zukunft auszudrücken.
In diesem Kapitel lernst du eine weitere Zeitform kennen: Das *Passé composé.* Mit dem *Passé composé* kannst du etwas ausdrücken oder erzählen, das in der Vergangenheit liegt.

Schau dir folgendes Beispiel an:

Hier, j'**ai parlé** au prof. – *Gestern habe ich mit dem Lehrer gesprochen.*
Aujourd'hui, je **parle** avec ma mère. – *Heute spreche ich mit meiner Mutter.*

Die meisten Verben bilden das *Passé composé* mit dem Hilfsverb **avoir**. Um das *Passé composé* zu bilden, brauchst du eine Präsensform des Hilfsverbs *avoir* und das *Participe passé.*

parler		**sprechen**	
j'**ai**	+ **parlé**	*ich habe*	+ *gesprochen*
tu **as**		*du hast*	
il / elle / on **a**		*er / sie / es hat*	
nous **avons**		*wir haben*	
vous **avez**		*ihr habt*	
ils / elles **ont**		*sie haben*	

Schau dir nun noch an, wie das *Participe passé* gebildet wird:

- Die Verben auf -er bilden das *Participe passé* auf -é.
  parl**er** → parl**é**; cherch**er** → cherch**é**
- Die regelmäßigen Verben auf -dre bilden das *Participe passé* auf -u.
  attend**re** → attend**u**; répond**re** → repond**u**

Hier findest du noch eine kurze Übersicht der Formen zu einigen unregelmäßigen Verben. Präge dir diese Formen auch gut ein.

avoir:	j'ai **eu**	savoir:	j'ai **su**
être:	j'ai **été**	pouvoir:	j'ai **pu**
faire:	j'ai **fait**	vouloir:	j'ai **vu**
écrire:	j'ai **écrit**	boire:	j'ai **bu**
dire:	j'ai **dit**	ouvrir:	j'ai **ouvert**
lire:	j'ai **lu**	prendre:	j'ai **pris**

Aufgabe 1

Setze die folgenden Verben im Präsens in das *Passé composé*.

a) elle regarde ______________________________

b) je travaille ______________________________

c) nous discutons ______________________________

d) vous écoutez ______________________________

e) tu expliques ______________________________

f) elles préparent ______________________________

Aufgabe 2

Verbinde die Verben, die zueinander gehören.

1. j'ai attendu	a) boire
2. nous avons pris	b) avoir
3. ils ont bu	c) écrire
4. tu as écrit	d) prendre
5. vous avez été	e) attendre
6. elles ont eu	f) être

5.2 Die Bildung des *Passé composé* mit *être*

Einige Verben bilden das ***Passé composé*** mit dem Hilfsverb ***être***.
Zur Bildung des *Passé composé* mit *être* nimmst du eine Präsensform von *être* und hängst wieder das entsprechende *Participe passé* an.

Schau dir folgendes Beispiel an:

Hier, il **est arrivé** à 5 heures. - *Gestern ist er um 5 Uhr angekommen.*
Aujourd'hui, il **arrive** à 4 heures. - *Heute kommt er um 4 Uhr an.*

Diese Verben bilden das *Passé composé* mit *être*:
aller, arriver, descendre, entrer, monter, partir, rentrer, rester, revenir, sortir, tomber, venir

Bei diesen Verben, die das *Passé composé* mit *être* bilden, musst du eine Besonderheit beachten: Das *Participe passé* ist veränderlich. Schau dir folgendes Beispiel an:

Il est arriv**é** à 5 heures. - Elle est arriv**ée** à 5 heures.
Ils sont arriv**és** à 5 heures. - Elles sont arriv**ées** à 5 heures.

Handelt es sich um ein **feminines Subjekt**, wird ein **-e** an das Partizip gehängt.
Im **Plural** wird ein **-s** an das Partizip gehängt.
Merke dir: Das *Participe passé* richtet sich in Numerus und Genus nach dem Subjekt des Satzes.

Diese Regel musst du natürlich auch bei den anderen Formen beachten:

Thibaut dit: «Je suis arriv**é**. Tu es aussi arriv**é**, Franck?»
Marta dit: «Je suis arriv**ée**. Tu es aussi arriv**ée**, Julie?»

Thibaut et Franck: «Nous sommes arriv**és**.»
Pierre et Julie: «Nous sommes arriv**és** aussi.»
Marta et Julie: «Nous aussi, nous sommes arriv**ées**.»

Bei **reflexiven Verben** wird das *Passé composé* auch mit *être* gebildet:
Julie s'est cach**ée** derrière un arbre. Pierre s'est bien amus**é**.

Aufgabe 3

Setze die folgenden Verben im Präsens in das *Passé composé*. Du weißt nicht, um welche Personen es sich handelt.

a) elle va ______________________

b) je pars ______________________

c) nous entrons ______________________

d) vous venez ______________________

e) ils arrivent ______________________

f) tu rentres ______________________

g) elles descendent ______________________

h) il tombe ______________________

Aufgabe 4

Werden folgende Verben mit *avoir* oder mit *être* konjugiert? Trage die Verben in die richtige Spalte ein.

préparer – rester – pouvoir – manger – monter – jouer – venir – tomber – avoir – arriver – aller – faire

Passé composé* mit *avoir	***Passé composé* mit *être***

Aufgabe 5

Angleichen oder nicht? Ergänze in folgenden Sätzen die richtige Endung des *Participe passé*. Pass auf das Hilfsverb auf.

Agathe est arrivé ______ à la gare de Bordeaux. Antoine et Emilie sont venu ______. Les trois sont allé ______ en ville. Ils se sont promené ______. Mais après une heure, Antoine est parti ______. Il a rencontr ______ Pierre et Karim et ils ont joué ______ au foot tout l'après-midi. Pour les filles, la journée s'est bien passé ______. Les deux filles sont rentré ______ et le soir, elles sont sorti ______. Elles se sont bien amus ______. Agathe a beaucoup aimé ______ ce week-end à Bordeaux.

Aufgabe 6

Schreibe Annas Bericht im *Passé composé*. Achte gut darauf, ob du das Hilfsverb *avoir* oder das Hilfsverb *être* brauchst.

a) Aujourd'hui, je vais en ville.

____

b) J'attends ma copine Amélie devant le Louvre.

____

c) Amélie arrive en retard.

____

d) Je rencontre Amélie à 15 heures.

____

e) Nous montons sur la tour Eiffel.

____

f) Nous restons 1 heure sur la tour Eiffel et nous descendons.

____

Die Verneinung des *Passé composé*

Möchtest du das *Passé composé* in einem verneinten Satz verwenden, beachte die Satzstellung:

Beispiele:

Je suis allé au supermarché.
- Je **ne** suis **pas** allé au supermarché.

J'ai cherché une livre.
- Mais, je **n**'ai **rien** trouvé.

→ Die Verneinung umschließt das Hilfsverb.

Aufgabe 7

Bringe die Satzteile in die richtige Reihenfolge. Achte gut auf die richtige Satzstellung.

rien / n' / hier? / as / Tu / fait,

____

n' / aujourd'hui. / père / travaillé / pas / Mon / a

____

allés / ne / Nous / à la piscine. / pas / sommes

____

rien / ont / n' / acheté. / Ils

____

n' / Je / ma chambre. / ai / rangé / pas

____

Aufgabe 8

Verneine die folgenden Sätze. Achte auf die richtige Satzstellung.

a) J'ai trouvé mon appareil photo. (ne … pas)

____

b) Tu as vu la ville? (ne … rien)

____

c) Nous avons cherché la BD. (ne … plus)

____

d) Elles sont arrivées en retard. (ne … pas)

____

e) Vous avez compris l'histoire? (ne … pas)

____

f) On a regardé la télé hier. (ne … pas)

____

g) Ils ont fait une promenade. (ne … rien)

____

h) J'ai vu le film de Jean Dujardin. (ne … jamais)

____

i) Tu as envie d'aller au cinéma? (ne … plus)

____

Online-Abschlusstest 5

Im **Kapitel 5 – Das Passé composé** hast du die Bildung des *Passé composé* wiederholt. Du hast gelernt, wie das *Passé composé* mit *avoir* und mit *être* gebildet wird. Achte gut auf das Angleichen des Partizips bei der Bildung des *Passé composé* mit *être*. Die Verneinung beim *Passé composé* konntest du dir ebenso noch einmal anschauen.

So funktioniert der Online-Test:

Unter **www.notenimgriff.de** kannst du jetzt deinen Lernerfolg überprüfen. Zu allen Themen dieses Kapitels werden dir Aufgaben gestellt. Wenn du sie bearbeitet hast, erhältst du am Ende des Tests eine Auswertung.
Willst du immer im Blick haben, welche Themen du schon kannst oder was du besser nochmals wiederholst? Dann übertrage deine Online-Ergebnisse unten in die Tabelle.
Du findest in der Tabelle alle Themen wieder, die du auch online bearbeitet hast.

Viel Erfolg beim Online-Test!

Mein Ergebnis im Online-Test – Kapitel 5

Thema	Mein Ergebnis
Die Bildung des *Passé composé*	
Die Verneinung des *Passé composé*	

6 Adjektive und Adverbien

6.1 Das Adjektiv

Die Stellung des Adjektivs

Adjektive beschreiben die Eigenschaften von Personen, Tieren oder Gegenständen, z. B. „dick", „hell", „lustig".
Im Deutschen steht das Adjektiv vor dem Nomen, das es beschreibt.
Im Französischen steht es dagegen meistens dahinter:

la voiture jaune	*das gelbe Auto*
le livre intéressant	*das interessante Buch*

Einige Adjektive, die besonders häufig benutzt werden, stehen jedoch auch im Französischen vor dem Nomen. Dazu gehören:

bon	*gut*	mauvais	*schlecht*
grand	*groß*	petit	*klein*
long	*lang*	court	*kurz*
vieux	*alt*	jeune	*jung*
autre	*andere(r, s)*	nouveau	*neu*
beau	*schön*	joli	*hübsch*
gros	*dick*		

Beispiel:
C'est un mauvais livre. – *Das ist ein schlechtes Buch.*

Ebenso wie im Deutschen kann das Adjektiv auch mit *être* mit dem Nomen verbunden werden. In diesem Fall entspricht die französische Satzstellung der deutschen.

Beispiel:
La voiture est jaune. – *Das Auto ist gelb.*

Aufgabe 1

Gehört das Adjektiv vor oder hinter das Nomen? Kreuze die richtige Antwort an.

	davor	dahinter
a) un ___________ homme ___________ (fatigué)	▢	▢
b) une ___________ fille ___________ (autre)	▢	▢
c) un ___________ texte ___________ (intéressant)	▢	▢
d) une ___________ voiture ___________ (rouge)	▢	▢
e) un ___________ garçon ___________ (beau)	▢	▢

Zusätzlich gibt es Adjektive, die vor und nach dem Nomen stehen können. Je nach ihrer Stellung haben sie jedoch auch eine andere Bedeutung. Hierzu gehören:

	Bedeutung davor	Bedeutung dahinter
ancien:	*ehemalig*	*sehr alt*
certain:	*manche(r, s)*	*sicher*
cher:	*lieb*	*teuer*
dernier:	*letzte(r, s)*	*vorig*
pauvre:	*bedauernswert*	*arm*
propre:	*eigene(r, s)*	*sauber*
seul:	*einzige(r, s)*	*einsam*
vrai:	*echt*	*wahr*

Aufgabe 2

Übersetze und achte dabei auf die Stellung des Adjektivs.

a) ein ehemaliger Schüler ______________________________

b) ein einsamer Mann ______________________________

c) ein einziger Mann ______________________________

d) ein sauberes Zimmer ______________________________

Die Angleichung des Adjektivs

Ähnlich wie im Deutschen muss das Adjektiv mit seiner Endung an das Nomen angepasst werden. Dabei gilt:
Bei einem **männlichen Nomen** steht die **Grundform** des Adjektivs.
Bei einem **weiblichen Nomen** wird die Endung **-e** angehängt, z. B.:
un texte intéressant – *ein interessanter Text*
une histoire intéressant**e** – *eine interessante Geschichte*

Endet das Adjektiv in seiner Grundform bereits auf -e, bleibt es in seiner femininen Form unverändert, z. B.:
un pantalon rouge – *eine rote Hose*
une robe rouge – *ein rotes Kleid*

Einige Adjektive bilden Sonderformen, die du dir einprägen musst:

ancien	ancien**ne**	*ehemalig; alt*
blanc	blanc**he**	*weiß*
bon	bon**ne**	*gut*
cher	ch**ère**	*lieb; teuer*
faux	fau**sse**	*falsch*
fou	fol**le**	*verrückt*
frais	fra**îche**	*frisch*
gentil	gentil**le**	*freundlich*
gros	gros**se**	*dick*
heureux	heur**euse**	*glücklich*
long	long**ue**	*lang*
neuf	neu**ve**	*neu*
pareil	parei**lle**	*gleich*
sportif	sport**ive**	*sportlich*

Aufgabe 3

Trage die korrekte maskuline oder feminine Form ein.

masculin	**féminin**	**masculin**	**féminin**
petit	________	________	heureuse
________	rouge	cher	________
joli	________	________	vraie

Pluralform

Auch im **Plural** wird das Adjektiv an das Nomen angepasst. Hierbei wird ein ***-s*** an die Singularform des Adjektivs angehängt. Handelt es sich dabei um ein feminines Nomen im Plural, wird das *-s* an die weibliche Form des Adjektivs angehängt, z. B.:
des châteaux anciens – *alte Schlösser*
des maisons anciennes – *alte Häuser*

Endet ein **maskulines Adjektiv** auf ***-s*** oder ***-x***, wird im Plural kein weiteres *-s* angehängt, z. B.:
un mauvais gâteau – *ein schlechter Kuchen*
des mauvais gâteaux – *schlechte Kuchen*

Beau, nouveau, vieux
Die Adjektive *beau, nouveau, vieux* haben im **Maskulinum Singular** zwei Formen. Vor Vokal oder stummem h stehen:

vor Konsonant	**Vor Vokal**	**vor stummen h**
un **beau** garçon	un **bel** enfant	un **bel** homme
un **nouveau** copain	un **nouvel** ami	un **nouvel** hôtel
un **vieux** copain	un **vieil** ami	un **vieil** homme

Im Plural bleibt nur eine Form:
des **beaux** garçons / enfants / hommes
des **nouveaux** copains / amis / hôtels
des **vieux** copains / amis / hommes

Vor femininen Formen steht immer *belle(s), nouvelle(s), vieille(s).*

Aufgabe 4

Schreibe die korrekte Pluralform auf.

a) une fille heureuse ______________________________

b) un bon CD ______________________________

c) une nouvelle amie ______________________________

d) un vieux portable ______________________________

Aufgabe 5

Suche die 14 versteckten Adjektive im Gitternetz und schreibe sie auf. Ergänze ihre feminine Form.

E	T	E	R	R	I	B	L	E	A	U	B
I	D	R	D	I	G	I	R	B	L	A	L
H	E	U	R	E	U	X	I	C	L	T	E
A	E	L	T	V	F	O	G	H	E	X	U
E	F	X	F	L	N	L	S	E	M	N	A
H	L	O	N	G	C	I	B	E	A	U	E
F	G	T	R	N	E	U	S	R	N	R	B
A	S	F	U	R	H	L	O	F	D	C	L
C	O	V	R	A	I	F	G	S	U	H	A
I	D	I	G	V	C	A	N	C	I	E	N
L	I	E	C	T	E	T	C	T	E	F	C
E	A	U	N	F	J	A	O	C	L	V	N
G	D	X	R	O	E	V	X	I	S	I	O
S	A	E	E	L	U	G	S	E	F	R	P
O	G	V	T	S	N	O	U	V	E	A	U
L	A	N	G	N	E	G	R	S	C	F	A

masculin	féminin	masculin	féminin

Anders als im Deutschen wird das Adjektiv auch an das Genus des Nomens angepasst, wenn es durch **être** mit dem Nomen verbunden ist, zum Beispiel:
La maison est **nouvelle**. – *Das Haus ist neu.*
Les livres sont intéressant**s**. – *Die Bücher sind interessant.*

Die Sonderformen von *beau, nouveau* und *vieux* kommen in dieser Satzstellung nicht vor, z. B.:
L'hôtel est nouveau. – *Das Hotel ist neu.*

Aufgabe 6

Setze die richtige Adjektivform ein.

a) La maison est très (joli) ______________________.

b) Le garçon est (jeune) ______________________.

c) La voiture est (grand) ______________________, mais elle est déjà (vieux) ______________________.

d) Mon (ancien) ______________________ école est très (vieux) ______________________.

e) Chaque jour, nous mangeons du pain (frais) ______________________.

f) Sarah est très (heureux) ______________________ aujourd'hui.

g) Marie et Julie sont très (sportif) ______________________.

h) J'ai une (petit) ______________________ sœur et un (grand) ______________________ frère.

i) Il aime le (nouveau) ______________________ hôtel parce qu'il est (grand) ______________________.

j) Mes chaussures sont (neuf) ______________________, mon t-shirt est (neuf) ______________________ et ma jupe est (neuf) ______________________.

Aufgabe 7

Übersetze die Sätze. Achte dabei darauf, wo das Adjektiv steht.

a) Das ist ein sehr interessantes Buch.

b) Das ist ein sauberes Zimmer.

c) Dieses teure Auto ist weiß.

d) Sie ist eine gute Freundin.

e) Dieses kleine Kind mag Kuchen.

f) Der andere Mann ist alt.

g) Der alte Mann ist sportlich.

h) Diese roten Äpfel sind frisch.

i) Die schöne Frau ist glücklich.

j) Wir sehen uns einen neuen Film an.

k) Ich mag die neuen Filme nicht.

l) Das große Mädchen und der kleine Junge essen viel.

Steigerung und Vergleich

Wenn du Personen oder Sachen vergleichen willst, verwendest du die Formen des Komparativs bzw. des Superlativs.

Der **Komparativ** wird gebildet, in dem man *plus … que, moins … que* oder *aussi … que* vor das Adjektiv stellt, z. B.:
Pierre est **plus grand que** Julie. – *Pierre ist größer als Julie.*
Julie est **moins grande que** Pierre. – *Julie ist kleiner als Pierre.*
Pierre est **aussi grand qu'**Alex. – *Pierre ist so groß wie Alex.*

Der **Superlativ** ist die höchste Stufe des Vergleichs. Er wird so gebildet:
le / la / les plus + Adjektiv (+ *de*)
le / la / les moins + Adjektiv (+ *de*)
Paris est **la plus belle** ville de France. – *Paris ist die schönste Stadt Frankreichs.*
Castelmoron est **la moins grande** ville de France. – *Castelmoron ist die kleinste (am wenigsten große) Stadt Frankreichs.*
Artikel und Adjektiv richten sich dabei nach dem Bezugswort.

Das Adjektiv *bon* hat eine besondere Steigerungsform, z. B.:
Léa est **bonne** en maths. – *Léa ist gut in Mathe.*
Luc est **meilleur** en maths **que** Léa. – *Luc ist besser in Mathe als Léa.*
Fatou est **la meilleure** en maths. – *Fatou ist die Beste in Mathe.*
Et Luc est son **meilleur** ami. – *Und Luc ist ihr bester Freund.*

Aufgabe 8

Bilde Sätze mit der Komparativ-Form.

a) Strasbourg / Paris / plus / grand / que / est

___

b) meilleur / Nathan / est / que / son frère / en allemand

___

c) sportive / Léa / aussi / que / sa copine / est

___

Aufgabe 9

Bilde Sätze mit der Superlativ-Form.

a) C'est un vieil village?

- Oui, c'est ________________________________ de France.

b) C'est un bon restaurant?

- Oui, c'est ________________________________ de la ville.

c) C'est une femme riche?

- Oui, c'est ________________________________ du monde.

b) Ce sont de bonnes chanteuses?

- Oui, ce sont ________________________________ d'ici.

Aufgabe 10

Übersetze folgende Sätze.

a) Mein Rock ist hübscher als dein Rock

____

b) Meine Freunde sind sportlicher als deine Freunde.

____

c) Mein Haus ist das schönste der Stadt.

____

d) Sarah und Marc sind meine besten Freunde.

____

e) Ich bin genauso gut in Mathe wie Manon.

____

f) Manon ist besser in Mathe als Théo.

____

Die Bildung des Adverbs

Adverbien beschreiben, auf welche Art und Weise etwas getan wird. Anders als die Adjektive beziehen sie sich also nicht auf ein Nomen, sondern auf ein Verb, ein anderes Adjektiv, ein anderes Adverb oder einen ganzen Satz. In der Regel haben die Adverbien eine andere Form als das Adjektiv. Sie werden gebildet, in dem man an die **feminine Form des Adjektivs** die Endung ***-ment*** anhängt, z. B.:

Maskulinum	*Femininum*	*Adverb*
sûr	sûr**e**	sûr**ement**
heureux	heureu**se**	heureu**sement**
long	lon**gue**	lon**guement**

Endet das Adjektiv im Maskulinum auf einen Vokal, so wird die Endung *-ment* direkt an die maskuline Form angehängt, z. B.:

Maskulinum	*Adverb*
facile	facile**ment**
vrai	vrai**ment**
joli	joli**ment**

Endet das Adjektiv auf *-ant* oder *-ent*, wird diese Endung durch die Endung *-amment* bzw. *-emment* ersetzt, z. B.:

Maskulinum	*Adverb*
élégant	élég**amment**
différent	différ**emmen**t

Eine Ausnahme bildet das Adjektiv *lent* (langsam): *lentement.*

Einige Adverbien bilden Sonderformen. Sie müssen einzeln gelernt werden. Dazu gehören:

Maskulinum	*Adverb*
bon	bien
mauvais	mal
gentil	gentiment
énorme	énormément

Einige Adverbien sind nicht von einem Adjektiv abgeleitet und haben keine besondere Endung. Dazu gehören:
alors, aujourd'hui, beaucoup, demain, enfin, là, souvent, tout à coup, ici, peu

Aufgabe 11

Bilde Adverbien aus den angegebenen Adjektiven.

a) gratuit ____________________

b) vrai ____________________

c) sûr ____________________

d) dangereux ____________________

e) élégant ____________________

f) rapide ____________________

g) gentil ____________________

h) bon ____________________

i) différent ____________________

j) mauvais ____________________

Aufgabe 12

Bilde die Adjektive (maskuline und feminine Form) aus den angegebenen Adverbien.

a) dernièrement ______________ ______________

b) lentement ______________ ______________

c) vraiment ______________ ______________

d) gentiment ______________ ______________

e) méchamment ______________ ______________

Aufgabe 13

Trage die Übersetzung der Adverbien in das Kreuzworträtsel ein.

Waagerecht:
1. einfach
4. unheimlich
5. viel
7. morgen

Senkrecht:
2. endlich
3. elegant
6. wenig

Aufgabe 14

Übersetze die Sätze.

a) Les pommes sont vraiment fraîches.

___

b) Il oublie souvent ses devoirs.

___

c) Elle parle sûrement lentement.

___

Die Stellung des Adverbs

Im Französischen können Adverbien an verschiedenen Stellen des Satzes stehen, je nachdem, worauf sie sich beziehen. Sie stehen jedoch niemals zwischen dem Subjekt und dem konjugierten Verb.

Adverbien der Zeit und **Adverbien des Ortes**
Sie stehen am Anfang oder am Ende des Satzes, z. B.
Hier, je suis allé à la piscine. - *Gestern bin ich ins Schwimmbad gegangen.*
Je suis venu **hier**. - *Ich bin gestern gekommen.*
Il fait chaud **ici**. - *Hier ist es warm.*
Là-bas, il fait froid. - *Dort drüben ist es kalt.*

Adverbien, die eine **Menge**, einen **Grad**, die **Art und Weise** oder eine **unbestimmte Zeit** ausdrücken, stehen hinter der konjugierten Verbform, z. B.:
Il travaille **beaucoup**. - *Er arbeitet viel.*
Il lit **trop**. - *Er liest zu viel.*
Elle a **certainement** beaucoup de chaussures. - *Sie hat sicher viele Schuhe.*
Il dort **longtemps**. - *Er schläft lange.*

Bei zusammengesetzten Zeiten wie dem *Futur proche* und dem *Passé composé* können die Adverbien auch nach dem *Participe passé* oder dem Infinitiv stehen, z. B.:
Il a **beaucoup** parlé. / Il a parlé **beaucoup**.
Er hat viel gesprochen.

Die Adverbien **ensemble**, **tard** und **tôt** stehen immer nach dem *Participe passé* oder dem Infinitiv, z. B.:
Nous avons travaillé **ensemble**. - *Wir haben zusammen gearbeitet.*
Il est venu **tôt**. - *Er ist früh gekommen.*
Il est parti **tard**. - *Er ist spät gegangen.*

Das Zeitadverb **puis** steht immer am Satzanfang:
Puis, nous sommes partis. - *Danach sind wir gegangen.*

Satzadverbien beziehen sich auf einen ganzen Satz. In der Regel stehen sie am Satzanfang, z. B.:
Heureusement, il ne pleut pas. - *Glücklicherweise regnet es nicht.*
Normalement, j'aime le chocolat. - *Normalerweise mag ich Schokolade.*

Aufgabe 15

Bilde Sätze aus den angegebenen Wörtern.

a) pleut / il / malheureusement

b) souvent / elle / en retard / est

c) ils / gagné / ont / facilement / le match

d) le gâteau / nous / ensemble / avons / préparé

e) danse / elle / élégamment

f) d'Allemagne / ils / sont / arrivés / hier

g) parle / rapidement / elle

h) sont / vraiment / elles / gentilles

i) il / oublié / a / ses devoirs / complètement

Aufgabe 16

Setze die angegebenen Adverbien in die passenden Sätze ein.

vraiment – beaucoup – tard – demain – ensemble
rapidement – malheureusement

a) Regardons un film ________________________.

b) Le prof est ________________________ méchant.

c) Il est arrivé ________________________.

d) ________________________, elle a oublié ses chaussures.

e) La voiture arrive ________________________.

f) J'aime ________________________ mon chien.

g) ________________________, nous allons lire un texte.

Aufgabe 17

Setze in die Lücken das passende Adjektiv oder Adverb ein.

a) La fille est très (heureux) ________________________.

b) C'est (vrai) ________________________ un homme (gentil) ________________________.

c) Ce livre est (drôle) ________________________ mais un peu trop (long) ________________________.

d) Il a (sûr) ________________________ oublié ses devoirs.

e) Elle parle (douce) ________________________ mais elle n'est pas (gentil) ________________________.

f) Il apprend (facile) ________________________ les langues.

g) Les langues sont (facile) ________________________.

Online-Abschlusstest 6

Toll! Du hast das **Kapitel 6 – Adjektive und Adverbien** durchgearbeitet. Du hast viele Übungen zum Thema Adjektive gemacht und weißt jetzt, wie Adverbien gebildet und verwendet werden.

So funktioniert der Online-Test:

Unter **www.notenimgriff.de** kannst du jetzt deinen Lernerfolg überprüfen. Zu allen Themen dieses Kapitels werden dir Aufgaben gestellt. Wenn du sie bearbeitet hast, erhältst du am Ende des Tests eine Auswertung.
Willst du immer im Blick haben, welche Themen du schon kannst oder was du besser nochmals wiederholst? Dann übertrage deine Online-Ergebnisse unten in die Tabelle.
Du findest in der Tabelle alle Themen wieder, die du auch online bearbeitet hast.

Viel Erfolg beim Online-Test!

Mein Ergebnis im Online-Test – Kapitel 6

Thema	Mein Ergebnis
Das Adjektiv	
Das Adverb	

7 Zahlen

7.1 Die Grundzahlen

0	zéro	10	dix	20	vingt
1	un / une	11	onze	21	vingt-et-un
2	deux	12	douze	22	vingt-deux
3	trois	13	treize	23	vingt-trois
4	Quatre	14	quatorze	24	vingt-quatre
5	Cinq	15	quinze	25	vingt-cinq
6	Six	16	seize	26	vingt-six
7	Sept	17	dix-sept	27	vingt-sept
8	Huit	18	dix-huit	28	vingt-huit
9	Neuf	19	dix-neuf	29	vingt-neuf

30	trente	80	quatre-vingt**s**
31	trente-et-un	81	quatre-vingt-un
32	trente-deux	82	quatre-vingt-deux
40	quarante	83	quatre-vingt-troix
41	quarante-et-un	84	quatre-vingt-quatre
42	quarante-deux	85	quatre-vingt-cinq
50	cinquante	86	quatre-vingt-six
51	cinquante-et-un	87	quatre-vingt-sept
60	soixante	88	quatre-vingt-huit
61	soixante-et-un	89	quatre-vingt-neuf
70	soixante-dix	90	quatre-vingt-dix
71	soixante-et-onze	91	quatre-vingt-onze
72	soixante-douze	92	quatre-vingt-douze
73	soixante-treize	93	quatre-vingt-treize
74	soixante-quatorze	94	quatre-vingt-quatorze
75	soixante-quinze	95	quatre-vingt-quinze
76	soixante-seize	96	quatre-vingt-seize

77	soixante-dix-sept	97	quatre-vingt-dix-sept
78	soixante-dix-huit	98	quatre-vingt-dix-huit
79	soixante-dix-neuf	99	quatre-vingt-dix-neuf

Alle zusammengesetzten Zahlen können mit Bindestrich verbunden werden.

100	cent	1000	mille
101	cent-un	1001	mille-un
156	cent-cinquante-six	2000	deux-mill**e**
200	deux-cent**s**	10 000	dix-mill**e**
201	deux-cen**t**-un	100 000	cent-mill**e**
300	trois-cent**s**	200 000	deux-cen**t**-mill**e**

- Es gibt eine Pluralform von vingt und cent (*quatre-vingt**s**, deux-cent**s***). Das -*s* fällt jedoch weg, wenn eine weitere Zahl folgt (*quatre-ving**t**-un, deux-cen**t**-un*).
- Das Zahlwort *mille* ist unveränderlich: Es hat keine Pluralform.
- Vor Vokal oder stummen h wird der Plural gebunden: deux cent**s a**ns

Aufgabe 1

Schreibe die angegebenen Zahlen in die Lücken.

a) Voilà Thomas. Il a (treize) ______________ ans.

b) La petite fille a (quatre) ______________ ans.

c) Ils ont acheté (huit) ______________ pommes et (trois) ______________ bananes.

d) Ma prof est jeune. Elle a (vingt-neuf) ______________ ans.

e) Une équipe de foot a (onze) ______________ joueurs.

g) Dans ma classe, il y a (vingt-six) ______________ élèves.

h) Ma sœur a (trente-deux) ______________ jupes!

i) Mon père a (cinquante-six) ______________ livres.

j) Mon grand-père est vieux. Il a (quatre-vingt-quatre) ______________ ans.

Aufgabe 2

Finde die 11 angegebenen Zahlen im Gitterrätsel.

5 11 12 14 16 20 30 40 60 100 1000

S	O	E	G	Z	N	S	T	V	S	O	O	L
Q	X	N	L	E	D	O	E	G	I	N	E	X
U	H	C	I	N	Q	I	Q	D	D	Z	I	E
A	I	Z	V	Q	T	X	N	O	X	E	V	S
T	Q	O	I	S	I	A	X	U	T	I	Q	O
O	X	S	E	R	R	N	E	Z	Z	R	L	Z
R	O	V	I	N	G	T	R	E	N	T	E	H
Z	Z	T	E	I	T	E	O	Q	T	R	Z	I
E	S	X	Q	S	X	Z	S	O	L	S	G	C
N	E	L	G	N	H	N	E	X	I	T	N	E
S	I	Q	U	A	R	A	N	T	E	E	X	N
N	Z	E	Z	D	I	S	O	Q	D	S	T	T
Q	E	O	X	I	M	I	L	L	E	V	Z	E

Aufgabe 3

Um welche Zahl handelt es sich? Schreibe die angegebene Zahl.

a) quarante-trois ________
b) trente-trois ________
c) vingt-neuf ________
d) quatre-vingt-neuf ________
e) cinquante-deux ________
f) soixante-seize ________
g) cent-quatre-vingt-huit ________
h) mille-neuf-cent-quatre ________
i) huit-cent-trente-neuf ________
j) cent-trois ________
k) neuf-mille-trois-cent-vingt-sept ____________
l) trois-cent-mille-cinq-cent-soixante-douze ____________

Die Ordnungszahlen

Die Ordnungszahlen (der Erste, der Zweite usw.) bildet man, indem man die Endung *-ième* an die Grundzahl anhängt. Endet die Grundzahl auf *-e*, fällt dieses vor *-ième* weg.
Der Artikel wird vor Ordnungszahlen immer ausgeschrieben und niemals apostrophiert.
Die Ordnungszahlen von *un* und *une* bilden eine maskuline und eine feminine Sonderform. Alle anderen Ordnungszahlen sind unveränderlich.

1er	le **premier**	17e	le, la dix-septième
1re	la **première**	18e	le / la dix-huitième
2e	le / la deuxième le second / la seconde	19e	le / la dix-neu**v**ième
3e	le / la troisième	20e	le / la vingtième
4e	le / la quatrième	21e	le / la vingt-et-unième
5e	le / la cinq**u**ième	22e	le / la vingt-deuxième
6e	le / la sixième	30e	le / la trentième
7e	le / la septième	40e	le / la quarantième
8e	**le / la** huitième	50e	le / la cinquantième
9e	le / la neu**v**ième	60e	le / la soixantième
10e	le / la dixième	70e	le / la soixante-dixième
11e	**le / la** onzième	80e	le / la quatre-vingtième
12e	le / la douzième	90e	le / la quatre-vingt-dixième
13e	le / la treizième	100e	le / la centième
14e	le / la quatorzième	101e	le / la cent-unième
15e	le / la quinzième	200e	le / la deux-centième
16e	le / la seizième	1000e	le / la millième

Anders als im Deutschen werden im Französischen bei Herrschernamen und Datumsangaben in der Regel keine Ordnungszahlen verwendet.
Beispiel: Louis XVI (seize) – *Ludwig XVI. (der Sechzehnte)*
le 30 mai (trente) – *den 30. Mai (den Dreißgsten Mai)*

Eine Ausnahme bilden auch hier die Ordnungszahlen bei der Zahl 1.
Beispiel: Napoléon I (premier) – *Napoleon I. (der Erste)*
le 1er janvier (premier) – *den 1. Januar (den Ersten Januar)*

Aufgabe 4

Schreibe die Ordnungszahlen aus.

a) 17e ______

b) 32e ______

c) 101e ______

d) 1er ______

e) soixante-douzième ______

f) neuf-cent-quatre-vingt-dix-neuvième ______

g) millième ______

h) quatre-cent-cinquante-troisième ______

i) vingt-quatrième ______

Aufgabe 5

Setze die richtige Zahl, die ausgeschriebene Grundzahl und die ausgeschriebene Ordnungszahl ein.

3	trois	troisième
	vingt-et-un	
		cinquante-neuvième
87		
	un	
	quarante-deux	
		quatre-vingt-treizième
38		
	six-cent-treize	
		neuf-millième
	soixante-dix-sept	

Die Zeitangaben

Im Französischen werden die Uhrzeiten **zwischen der vollen Stunde und der ersten Hälfte der nächsten Stunde** ähnlich wie im Deutschen ausgedrückt. Wichtig ist, dass die Angabe *heures* niemals wegfällt. Bei ein Uhr steht *heure* im Singular:

Il est quelle heure?	*Wie spät ist es?*
Il est une heure.	*Es ist ein Uhr.*
Il est deux heures cinq.	*Es ist fünf nach zwei.*
Il est trois heures et quart.	*Es ist Viertel nach drei.*
Il est quatre heures vingt.	*Es ist zwanzig nach vier.*

Anders als im Deutschen wird die **Uhrzeit „halb"** nicht von der nächsten Stunde abgezogen, z. B.:

Il est cinq heures et demie.	*Es ist halb sechs.*

In der **zweiten Hälfte der Stunde** werden die Minuten von der nächsten vollen Stunde abgezogen:

Il est six heures moins vingt.	*Es ist zwanzig vor sechs.*
Il est sept heures moins le quart.	*Es ist Viertel vor sieben.*
Il est huit heures moins cinq.	*Es ist fünf vor acht.*

Bei offiziellen Zeitangaben werden *et quart* (Viertel nach), *et demie* (halb) und *moins le quart* (Viertel vor) durch die Zahlenangaben *quinze*, *trente* und *quarante-cinq* ersetzt.

Natürlich kann man auch die Zeiten der Digitaluhr angeben:

14:25	Il est quatorze heures vingt-cinq.
19:58	Il est dix-neuf heures cinquante-huit.

Für 12:00 bzw. 00:00 Uhr gibt es **gesonderte Bezeichnungen**:

12:00	Il est midi.	*Es ist zwölf Uhr mittags.*
00:00	Il est minuit.	*Es ist Mitternacht.*

Aufgabe 6

Schreibe die Uhrzeiten auf. Eine Digitaluhr zeigt jeweils …

a) 02:05 Il est ______________________________

b) 07:30 ______________________________

c) 11:10 ______________________________

d) 00:00 ______________________________

e) 04:15 ______________________________

f) 06:40 ______________________________

g) 01:23 ______________________________

h) 10:40 ______________________________

Aufgabe 7

Zeichne die Zeiger in die Uhren ein.

a) Il est quinze heures et demie.

b) Il est vingt heures moins le quart.

c) Il est dix-sept heures moins cinq.

d) Il est seize heures et quart.

Online-Abschlusstest 7

Toll! Du hast das **Kapitel 7 – Zahlen** durchgearbeitet. Du hast viele Übungen zum Thema Zahlen gemacht und weißt jetzt, wie die Ordnungszahlen gebildet werden und wie man Zeitangaben macht.

So funktioniert der Online-Test:

Unter **www.notenimgriff.de** kannst du jetzt deinen Lernerfolg überprüfen. Zu allen Themen dieses Kapitels werden dir Aufgaben gestellt. Wenn du sie bearbeitet hast, erhältst du am Ende des Tests eine Auswertung.
Willst du immer im Blick haben, welche Themen du schon kannst oder was du besser nochmals wiederholst? Dann übertrage deine Online-Ergebnisse unten in die Tabelle.
Du findest in der Tabelle alle Themen wieder, die du auch online bearbeitet hast.

Viel Erfolg beim Online-Test!

Mein Ergebnis im Online-Test – Kapitel 7

Thema	Mein Ergebnis
Grundzahlen und Ordnungszahlen	
Die Zeitangaben	

8 Fragen stellen

8.1 Fragen stellen mit *est-ce que*

Im Französischen kannst du aus einer Aussage ganz leicht eine Frage bilden, indem man die Stimme am Satzende hebt. Diese Art von Fragen heißen Intonationsfragen. Im Schriftlichen setzt man einfach ein Fragezeichen statt einem Punkt, z. B.:

Elle lit un livre → Elle lit un livre**?** (*Liest sie ein Buch?*)

Entscheidungsfragen kann man im Französischen auch stellen, indem man vor den Aussagesatz ein *est-ce que* stellt. Vor einem Vokal oder stummem *h* wird *que* zu *qu'*, Beispiel:

Est-ce que tu parles allemand? – *Sprichst du Deutsch?*
Est-ce qu'il regarde souvent la télé? – *Sieht er oft fern?*

Auch viele andere Fragen können mit *est-ce que* gebildet werden.
Das Fragewort steht hierbei immer am Satzanfang, danach folgt die gleiche Satzstellung wie im Aussagesatz.

Qu'est-ce que tu fais?	***Was*** *machst du?*
Qu'est-ce qu'elle fait?	***Was*** *macht sie?*
Où est-ce que vous chantez?	***Wo*** *singt ihr?*
Pourquoi est-ce que vous chantez?	***Warum*** *singt ihr?*
Quand est-ce qu'elle chante?	***Wann*** *singt sie?*
Comment est-ce qu'ils chantent?	***Wie*** *singen sie?*

Aufgabe 1

Formuliere die Aussagesätze in Fragesätze mit *est-ce que* um.

a) Il lit un livre.

Est-ce qu'______________________________________?

b) Les élèves sont en vacances.

____?

c) Vous faites beaucoup de sport.

____?

d) Elle veut s'acheter un nouveau portable.

____?

e) Il s'appelle Jacques.

____?

Aufgabe 2

Stelle die passenden Fragen mit *est-ce que* zu den Aussagesätzen.

a) Kévin a acheté des disques.

Qu'est-ce que __________________________________?

b) Elle n'est pas allée à l'école hier.

Pourquoi est-ce qu' ______________________________?

c) Ils rentrent à cinq heures.

Quand ______________________________________?

d) Le garçon s'appelle Manu.

Comment ____________________________________?

e) La famille de Sylvie habite à Caen.

Où ____?

8.2 Der Fragebegleiter *quel*

Die Frage welche(r, s) stellt man im Französischen mit dem Fragebegleiter *quel*. Dieser muss in Genus und Numerus an das Nomen angepasst werden, das er begleitet.

Beispiel:
Quel livre est-ce que tu lis? – *Welches Buch liest du?*
Quelle couleur est-ce que tu préfères? – *Welche Farbe ziehst du vor?*
Quels hommes viennent des États-Unis? – *Welche Männer kommen aus den USA?*
Quelles femmes habitent à Paris? – *Welche Frauen wohnen in Paris?*

Aufgabe 3

Setze die richtige Form von *quel* ein.

a) ______________ heure est-il?

b) ______________ pull est-ce qu'il préfère?

c) ______________ chiens sont noirs?

d) ______________ maisons sont grandes?

e) ______________ voitures arrivent?

Aufgabe 4

Stelle Fragen nach dem unterstrichenen Satzteil, indem du *quel* verwendest.

a) Elle préfère <u>la musique rock</u>.

____?

b) On va voir <u>le film de Brad Pitt</u>.

____?

c) Il aime <u>les livres d'aventures</u>.

____?

Fragen mit *à qui / de quoi*

Fragt man nach einer Person in Verbindung mit der Präposition *à*, so lautet die Frage *à qui* (an wen), z. B.:

A qui est-ce que tu parles? – *Mit wem sprichst du?*

Fragt man nach einer Sache in Verbindung mit der Präposition *de*, so lautet die Frage *de quoi, z. B.:*

De quoi est-ce que tu parles? – *Wovon sprichst du?*

Aufgabe 5

Stelle die Fragen mit *à qui* oder *de quoi*.

a) Je donne le livre à mon frère.

_______________ est-ce que tu donnes le livre?

b) Je rêve d'être riche.

_______________ est-ce que tu rêves?

c) Elle écrit souvent des lettres à sa grand-mère.

_______________ est-ce qu'elle écrit souvent des lettres?

d) Luc téléphone à sa copine.

_______________ est-ce qu'il téléphone?

e) Sandra a peur des chiens.

_______________ est-ce que Sandra a peur?

f) Manu et Marie parlent à Mme Legrand.

_______________ est-ce que Manu et Marie parlent?

g) Ma mère ne parle pas souvent de son travail.

_______________ est-ce que ta mère ne parle pas souvent?

Aufgabe 6

Übersetze die folgenden Fragen.

a) Warum geht er nicht zur Schule?

______________________________?

b) Welche Musik mag sie?

______________________________?

c) Wann sind sie angekommen?

______________________________?

d) Hast du den Film gesehen?

______________________________?

e) Was hat dein Hund gemacht?

______________________________?

f) An wen denkt ihr?

______________________________?

g) Welcher Mann wohnt in Paris?

______________________________?

h) Wo wohnen Sarah und Claire?

______________________________?

i) Wie hat er die Arbeit gemacht?

______________________________?

j) Wovon sprechen die Mädchen?

______________________________?

Online-Abschlusstest 8

Toll! Du hast das **Kapitel 8 – Fragen stellen** durchgearbeitet. Du hast viele Übungen zum Thema Fragen gemacht und weißt jetzt, wie verschiedene Arten von Fragen gebildet werden und wie man nach unterschiedlichen Dingen fragt.

So funktioniert der Online-Test:
Unter **www.notenimgriff.de** kannst du jetzt deinen Lernerfolg überprüfen. Zu allen Themen dieses Kapitels werden dir Aufgaben gestellt. Wenn du sie bearbeitet hast, erhältst du am Ende des Tests eine Auswertung.
Willst du immer im Blick haben, welche Themen du schon kannst oder was du besser nochmals wiederholst? Dann übertrage deine Online-Ergebnisse unten indie Tabelle.
Du findest in der Tabelle alle Themen wieder, die du auch online bearbeitet hast.

Viel Erfolg beim Online-Test!

Mein Ergebnis im Online-Test – Kapitel 8

Thema	Mein Ergebnis
Fragen stellen	

9 Satzstruktur und Wortstellung

9.1 Der Aussagesatz

Die Wortstellung

Die Wortstellung im französischen Aussagesatz ist Subjekt – Prädikat, zum Beispiel:

Le chien	dort. *(Der Hund schläft.)*
Subjekt	*Prädikat*

Bei mehr Satzteilen ist die Reihenfolge Subjekt – Prädikat – Objekt oder Subjekt – Prädikat – Attribut. Diese Reihenfolge wird auch im Nebensatz beibehalten, z. B.:

La voiture	est	à mon frère. *(Das Auto gehört meinem Bruder.)*
Subjekt	*Prädikat*	*Objekt*
La voiture	est	bleue. *(Das Auto ist blau.)*
Subjekt	*Prädikat*	*Attribut*

Die Funktion der Satzteile

Das **Subjekt** bezeichnet eine Person oder eine Sache. Es ist der Satzteil, über den etwas ausgesagt wird, z. B. wer er ist oder was er tut.

Das **Prädikat** ist die Satzaussage.

Das **Objekt** bezeichnet eine Person oder eine Sache. Es ist der Satzteil, auf den sich die Handlung bezieht.

Das **Attribut** kann beispielsweise ein Adjektiv sein. Es bestimmt das Subjekt näher.

Aufgabe 1

Bringe die Wörter in die richtige Reihenfolge und markiere Subjekt, Prädikat und Objekt / Attribut in unterschiedlichen Farben.

a) est / le chat / vieux

____

b) il / sa copine / parle à

____

c) pensent / elles / aux vacances

____

d) Marie / la musique rock / aime

____

e) est / bleu et rouge / mon pull

____

Aufgabe 2

Setze die angegebenen Wörter in die Lücken ein.

le chien de Marie – habite – elles – ses devoirs – a – coûte – vieille

Subjekt	**Prädikat**	**Objekt**	**Attribut**
Marie		un chien.	
	est		jeune.
Le livre		12 euros.	
L'élève	a oublié		
La maison	est		
L'homme		à Toulouse.	
	sont		blondes.

9.2 Die Verneinung

Anders als im Deutschen besteht die Verneinung im Französischen aus zwei Wörtern, die das konjugierte Verb umschließen:
Ne … **pas** bedeutet „nicht".

Vor Vokal und stummem *h* wird *ne* zu *n'* verkürzt, Beispiel:
Elle **ne** va **pas** à l'école. – *Sie geht nicht zur Schule.*

Weitere Verneinungsformen sind:
Elle **ne** va **plus** à l'école. – *Sie geht **nicht mehr** zur Schule.*
Elle **n'**a **jamais** peur. – *Sie hat **nie** Angst.*
Elle **ne** mange **rien** à la cantine. – *Sie isst **nichts** in der Kantine.*

In zusammengesetzten Zeiten wie dem *Passé composé* und dem *Futur proche* gilt ebenfalls die Regel, dass die Verneinungswörter das konjugierte Verb umschließen, z. B.:
Elle **n'**est **pas** allée à l'école. – *Sie ist nicht zur Schule gegangen.*
Elle **ne** va **plus** manger à la cantine. – *Sie wird nicht mehr in der Kantine essen.*
Elle **n'**est **jamais** aimé le rock. – *Sie hat nie Rock-Musik gemocht.*
Elle **n'**a **pas encore** vu le film. – *Sie hat noch nicht den Film gesehen.*

Aufgabe 3

Verneine die Sätze.

a) Le prof est gentil avec ses élèves.

Non, ______________________________

b) Nous avons vu le nouveau film de Johnny Depp.

____

c) Ils vont acheter la maison.

____

d) Les filles parlent beaucoup.

____

Aufgabe 4

Setze die verneinten Verben im Präsens in die Lücken ein.

a) Nous (ne pas aller) ______________________________ au cinéma.

b) Elle (ne plus lire) ______________________________ beaucoup.

c) Il (ne jamais écouter) ______________________________ Tokio Hotel.

d) Les amis (ne pas être) ______________________ dans la même école.

e) Cet exercice (ne plus être) ______________________________ difficile.

f) Marie et Julie (ne plus parler) ______________________________ à Tom.

g) Tu (ne rien trouver) ______________________________ sur Internet?

Aufgabe 5

Schreibe die verneinten Sätze im *Passé composé* auf.

a) La voiture n'arrive pas rapidement.

____

b) Le chat ne mange rien.

____

c) Je ne regarde plus la télé.

____

d) Tu n'oublies pas tes devoirs.

____

e) Nous n'allons jamais à la piscine.

____

f) L'homme n'achète pas le pull rouge.

____

9.3 Die Verneinung mit Begleitern

Wenn auf die Verneinung ein Nomen folgt, so wird dieses in der Regel mit *de* **ohne Artikel** angeschlossen. Vor Vokal und stummem h wird *de* zu *d'* verkürzt. Im Deutschen wird diese Verneinung mit keine(r, s) übersetzt:
Je n'ai pas **d'**argent. - *Ich habe kein Geld.*
Je n'ai plus **de** pain. - *Ich habe kein Brot mehr.*

Eine Ausnahme bildet das Verb *être*. Wird *être* verneint, steht danach derselbe Begleiter wie im bejahten Satz:

C'est **un** chien. → Ce n'est pas **un** chien.
Ce sont **des** jupes. → Ce ne sont pas **des** jupes.

Eine weitere Ausnahme bildet das Verb *aimer*. Hiernach steht der bestimmte Artikel, egal ob das Verb bejaht oder verneint ist.

J'aime **la** musique classique. → Je n'aime pas **la** musique classique.
J'aime **les** films anglais. → Je n'aime pas **les** films anglais.

Aufgabe 6

Beantworte die Fragen verneinend.

a) Tu veux du fromage?

Non, je ne veux pas ______________________________

b) Il a une voiture noire?

Non, il ______________________________

c) C'est un livre intéressant?

____

d) Vous aimez la musique techno?

Non, nous ______________________________

Aufgabe 7

Pas de **oder** ***pas*****? Setze die richtige Form in die Lücken ein.**

a) Tu as des livres? – Non, je n'ai ________________ livres.

b) Il est allemand? – Non, il n'est ________________ allemand.

c) Vous prenez du jus? – Non, je ne prends ________________ jus.

d) La voiture est jaune? – Non, la voiture n'est ________________ jaune.

Aufgabe 8

Plus de **oder** ***plus*****? Setze die richtige Form in die Lücken ein.**

a) Elle est encore malade? – Non, elle n'est ________________ malade.

b) Il mange de la viande? – Non, il ne mange ________________ viande.

c) Ils vont à l'école? – Non, ils ne vont ________________ à l'école.

d) Tu veux encore une pomme? – Non, je ne veux ________________ pommes.

Aufgabe 9

Verbinde die Satzteile miteinander.

1. Rex n'est pas	a) de lait pour son café.
2. Vous n'aimez pas	b) des livres intéressants.
3. Ce ne sont pas	c) un chien noir.
4. Il ne prend pas	d) le sucre?
5. Tu ne veux plus	e) rien manger?
6. Il ne mange	f) plus de viande.

9.4 Das direkte und das indirekte Objekt

Das Objekt bezeichnet die Person oder die Sache, auf die sich die Handlung im Satz bezieht. Nach dem direkten Objekt (Akkusativobjekt) fragt man mit *wen oder was?*, nach dem indirekten Objekt (Dativobjekt) mit *wem?*

Stellung im Satz

Das direkte Objekt steht direkt hinter dem Verb, während das indirekte Objekt mit einer Präposition an das Verb angeschlossen wird:

Il raconte **une histoire**.	direktes Objekt
Il parle **à sa femme**.	indirektes Objekt

Bei zwei Objekten in einem Satz steht das direkte Objekt vor dem indirekten Objekt, also genau anders herum wie im Deutschen:

Il raconte	une histoire	à sa femme.
	direktes Objekt	indirektes Objekt
Er erzählt	*seiner Mutter*	*eine Geschichte*
	indirektes Objekt	direktes Objekt

Bei zwei indirekten Objekten in einem Satz steht das *à*-Objekt vor dem *de*-Objekt – es sei denn, das *à*-Objekt ist länger:

Il parle	à sa mère	de ses problèmes.
	à-Objekt	*de*-Objekt
Il parle	de ses problèmes	à sa mère qui est vieille.
	de-Objekt	*à*-Objekt

Aufgabe 10

Sind die fettgedruckten Teile direkte oder indirekte Objekte? Kreuze an.

	Direktes Objekt	**Indirektes Objekt**
a) La mère donne **le livre** à son enfant.	☐	☐
b) Marie écrit une lettre **à Anne**.	☐	☐
c) Romain mange **le gâteau** de Sylvie.	☐	☐
d) Ils parlent **au prof** du film.	☐	☐

Aufgabe 11

Bringe die Satzteile in die richtige Reihenfolge.

a) Jean / un CD / donne / à Luc

____

b) parle / il / à Sophie / de ses vacances

____

c) le livre / lit / de son père / Claire

____

d) les élèves / au directeur / une lettre / écrivent

____

e) de ses parents / répond / à la question / elle

____

Aufgabe 12

Übertrage die Sätze aus Aufgabe 10 in die Tabelle.

Subjekt	Prädikat	Direktes Objekt	Indirektes Objekt 1	Indirektes Objekt 2
Jean				

9.5 Der Relativsatz mit *qui, que, où*

Die Relativpronomen *qui*, *que* und *où* leiten einen Relativsatz ein, der ein Satzteil näher bestimmt. Alle drei Relativpronomen sind unveränderlich und werden nicht in Genus und Numerus angeglichen.

Das Pronomen **qui** ist das Subjekt des Relativsatzes und ersetzt Personen und Dinge. Es wird niemals verkürzt:
C'est un homme **qui** est gentil. - *Das ist ein Mann, der nett ist.*
Voilà le livre **qui** a 800 pages. - *Das ist das Buch, das 800 Seiten hat.*

Steht **qui** mit einer Präposition wie *à* oder *avec*, steht es ausschließlich für Personen:
C'est la femme **à qui** j'ai écrit une lettre. - *Das ist die Frau, der ich einen Brief geschrieben habe.*

Das Pronomen **que** ist das direkte Objekt des Relativsatzes und ersetzt Personen und Dinge. Vor einem Vokal wird *que* zu *qu'* verkürzt:
La femme **que** j'aime est blonde. - *Die Frau, die ich liebe, ist blond.*
Le film **qu'**il a vu est nouveau. - *Der Film, den er gesehen hat, ist neu.*

Das Pronomen **où** leitet in der Regel ortsbestimmende Relativsätze ein:
Elle habite à Paris **où** je suis née. -
Sie wohnt in Paris, wo ich geboren wurde.

Beachte: Vor *qui*, *que* und *où* steht kein Komma.

Aufgabe 13

Setze *qui*, *que* oder *où* in die Lücken ein.

a) C'est un village ___________ est en France.

b) C'est un garçon ___________ j'aime beaucoup.

c) C'est un village ___________ les gens parlent beaucoup.

d) Luc est l'homme ___________ elle aime.

e) Paris est la ville ___________ je veux habiter.

f) Marie est une fille ___________ est encore jeune.

g) Voilà la femme ___________ habite à côté de moi.

h) Voilà le livre ___________ je déteste.

i) Voilà la maison ___________ j'habite.

Aufgabe 14

Verbinde die Sätze mit *qui*, *que* oder *où*.

Beispiel: Tu aimes la plage. La plage est à Marseille.

Tu aimes la plage **qui** est à Marseille.

a) Il veut regarder des films. Les films sont nouveaux.

____

b) Elles prennent le bus à Lille. Elles habitent à Lille.

____

c) Je veux lire le livre. Tu m'as donné le livre.

____

d) Il faut acheter un ticket. Le ticket coûte 2 euros.

____

9.6 Die indirekte Rede

Mit der indirekten Rede wird die Äußerung eines Dritten wiedergegeben. Sie wird mit *que* eingeleitet, das vor Vokal zu *qu'* verkürzt wird:

Jean dit: «Il vient des États-Unis.»– *Jean sagt: „Er kommt aus den USA."*
Jean **dit qu'**il vient des États-Unis. – *Jean sagt, dass er aus den USA kommt.*

Verbendungen, Pronomen und Begleiter müssen angepasst werden, wenn sie in der indirekten Rede nicht mehr zutreffen, z. B.:
Tina dit: «**Je lis mon** livre.» – *Tina sagt: „Ich lese mein Buch."*
Tina dit qu'**elle lit son** livre. – *Tina sagt, dass sie ihr Buch liest.*

Aufgabe 15

Schreibe die Sätze in der indirekten Rede.

a) Le prof dit: «Vous êtes vraiment gentils.»

Le prof dit que nous ______________________________

b) La fille répond: «Elle est vraiment méchante.»

La fille répond qu' ______________________________

c) Léo pense: «Je suis très fatigué. »

____

d) Elle raconte: «J'aime beaucoup la musique anglaise.»

____

e) Léa dit: «Je veux aller au cinéma.»

____

f) Cédric dit: «Mon frère mange tout le temps.»

____

Die indirekte Frage

Mit der indirekten Frage wird die Frage eines Dritten wiedergegeben. Sie wird mit **si** eingeleitet, das vor il und ils zu s' verkürzt wird:

Jean demande: «Est-ce qu'il vient des États-Unis?»
Jean fragt: „Kommt er aus den USA?"
Jean **demande s'**il vient des États-Unis.
Jean fragt, ob er aus den USA kommt.

Wie bei der indirekten Rede müssen Verbendungen, Pronomen und Begleiter angepasst werden, wenn sie in der indirekten Frage nicht mehr zutreffen:

Tina demande: «Est-ce que **tu lis mon** livre?»
Tina fragt: „Liest du mein Buch?"
Tina demande si **elle lit son** livre. – *Tina fragt, ob sie ihr Buch liest.*

Aufgabe 16

Schreibe die Fragen als indirekte Fragen.

a) La fille demande: «Est-ce que vous aimez le fromage?»

La fille demande s'il ______________________________

b) Le prof demande: «Les élèves sont gentils?»

____

c) La mère demande à son fils: «Est-ce que tu fais tes devoirs?»

____

d) Cécile demande à son père: «Est-ce que nous mangeons au restaurant?»

____

Aufgabe 17

Setze *si/s'* oder *que/qu'* in die Lücken ein.

a) Elle dit ________ elle ne vient pas.

b) Il demande ________ l'exercice est difficile.

c) Les élèves demandent ________ le prof est méchant.

d) Lena dit ________ elle a beaucoup de devoirs.

e) La mère de Luc demande ________ il fait beaucoup de sport.

f) Nathalie demande ________ la fête est aujourd'hui.

g) Mme Breton dit ________ le chien est noir.

h) Alma demande ________ Paris est en France.

i) Antoine répond ________ Berlin est en Allemagne.

Aufgabe 18

Übersetze die folgenden Sätze ins Französische.

a) Ich gebe meiner Mutter das Buch.

____

b) Das ist das Buch, das ich meiner Mutter gegeben habe.

____

c) Ich habe keine Schuhe.

____

d) Der Mann hat kein Geld mehr.

____

e) Die Frau sagt, dass sie krank ist.

____

Online-Abschlusstest 9

Toll! Du hast das **Kapitel 9 – Satzstruktur und Wortstellung** durchgearbeitet. Du hast viele Übungen zum den verschiedenen Satzarten gemacht und weißt jetzt, wie man verneint und indirekte Aussagen formuliert.

So funktioniert der Online-Test:
Unter **www.notenimgriff.de** kannst du jetzt deinen Lernerfolg überprüfen. Zu allen Themen dieses Kapitels werden dir Aufgaben gestellt. Wenn du sie bearbeitet hast, erhältst du am Ende des Tests eine Auswertung.
Willst du immer im Blick haben, welche Themen du schon kannst oder was du besser nochmals wiederholst? Dann übertrage deine Online-Ergebnisse unten in die Tabelle.
Du findest in der Tabelle alle Themen wieder, die du auch online bearbeitet hast.

Viel Erfolg beim Online-Test!

Mein Ergebnis im Online-Test – Kapitel 9

Thema	Mein Ergebnis
Die Verneinung	
Der Relativsatz	
Die indirekte Rede / Frage	

LÖSUNGEN

Aufgabe 1

un	**une**
dessin	affiche
garçon	fille
copain	copine
frère	sœur

Aufgabe 2

a) un crayon
b) une trousse
c) un sac
d) un cahier
e) une gomme
f) un livre

Aufgabe 3

a) un cahier	le cahier
b) une gomme	la gomme
c) un livre	le livre
d) une trousse	la trousse
e) un sac	le sac

Aufgabe 4

a) l'ordinateur	un ordinateur
b) l'escalier	un escalier
c) l'amie	une amie
d) l'heure	une heure
e) l'hôtel	un hôtel

Aufgabe 5

a) Voilà **la** classe de Marie-Anne.
b) Julie est **la** copine de Marie-Anne.
c) Et Rachid est **le** copain de Marie-Anne.
d) C'est **l'**heure d'aller en classe.
e) **La / Le** prof prend **le** livre et **le** cahier.

Aufgabe 6

a) Voilà **un** sac. C'est **le** sac de Pierre.
b) Voilà **un** chien. C'est **le** chien de Julie.
c) Voilà **un** chat. C'est **le** chat de Manon.
d) Et voilà **un** portable. C'est **le** portable de Luc.

Aufgabe 7

a) l'école	les écoles
b) le CD	les CD
c) la cantine	les cantines
d) le cadeau	les cadeaux

Aufgabe 8

a) une infirmerie	des infirmeries
b) un élève	des élèves
c) un CDI	des CDI
d) un jeu	des jeux

Aufgabe 9

a) Voilà **des** croissants. → **Les croissants** sont pour le petit-déjeuner.
b) Voilà **des** CD. → **Les CD** sont pour l'école.
c) Voilà **des** gâteaux. → **Les gâteaux** sont pour l'anniversaire de papi.
d) Voilà **des** œufs. → **Les œufs** sont pour le gâteau.

Aufgabe 10

a) Marie est **à la** maison.
b) Son frère est **au** club de foot.
c) Ses parents sont encore **au** travail.
d) Sa sœur est **à l'**hôpital.
e) Son chien est **aux** toilettes.

Aufgabe 11

a) Voilà une photo **de la** famille de Marie.
b) Voilà une photo **du** frère de Marie.
c) Et c'est une photo **des** parents.
d) Et là, une photo **de l'**appartement.
e) Et une photo **du** chien.

Aufgabe 12

Je rentre **du** collège et je vais **au** club de tennis. Mais maman cherche les clés **de l'**appartement et **de la** voiture. Enfin, elles sont là. Vers 18 heures, je rentre **à la** maison et je vais **au** cinéma avec une copine.

Aufgabe 13

beaucoup de bananes	un kilo de pommes
500 grammes de tomates	un peu de poivre

Aufgabe 14

a) viele Schüler	**beaucoup d'élèves**
b) ein Glas Wasser	**un verre d'eau**
c) ein wenig Zucker	**un peu de sucre**
d) zwei Kilo Orangen	**deux kilos d'oranges**

Aufgabe 15

Alors, pour le petit-déjeuner, je prends **du** café avec **du** sucre mais sans **(–)** lait.
Je mange **du** pain, **de la** confiture et **du** miel.
Mais il y a aussi **des** yaourts, **du** jus d'orange et **du** jambon.

Aufgabe 16

a) Non, nous ne prenons pas de bananes.
b) Non, je ne veux pas de sucre dans mon café.
c) Non, ils ne font pas de sport.

Aufgabe 1

a) ich möchte	**je veux**
b) wir mögen	**nous aimons**
c) er hat	**il a**
d) sie gehen (Emma und Léa)	**elles vont**

Aufgabe 2

a) **Elles** vont au cinéma.
b) **Ils** font une promenade dans le parc.
c) **Ils** jouent au foot dans la cour.

Aufgabe 3

- Salut, c'est **moi**, Charlotte. Qu'est-ce que vous voulez faire aujourd'hui, Marielle et **toi**? Avec Pierre, on va au café «Paus'» … Vous venez avec **nous**?
- Marielle, **elle**, elle fait les devoirs. Et moi et mon frère, **nous**, nous aidons ma mère dans la cuisine. Peut-être demain?

Aufgabe 4

Voilà **mes** copains. Ça, c'est **mon** copain Alfredo, **ses** parents sont des Italiens. Et voilà **ma** copine Alexandra avec **sa** sœur Fleur et **son** frère Maris.

Aufgabe 5

a) Le sac est à moi. C'est **mon** sac.
b) Les jeux sont à Lucas. Ce sont **ses** jeux.
c) La guitare est à Marie. C'est **sa** guitare.
d) La chambre est à Léo. C'est **sa** chambre.
e) La maison est à Luc et Théo. C'est **leur** maison.
f) Le chien est à toi et Pierre? C'est **votre** chien?

Aufgabe 6

a) unsere Familie	notre famille
b) ihr Geschäft	leur magasin
c) unsere Katzen	nos chats
d) eure Hunde	vos chiens
e) ihre Freundinnen	leurs copines

Aufgabe 7

– Regarde **ce** portable et **ces** baskets. C'est cool ici!
– Non, je trouve **cet** ordinateur cool. Mais j'aime bien **ce** magasin. On trouve tout ici. Regarde **cette** robe!

Aufgabe 8

a) Cette robe est très jolie.
b) Ce pantalon est trop grand.
c) Tu aimes ces pulls de ma mère?
d) Mon père achète cet album de David Guetta.

Aufgabe 9

a) J'aime beaucoup ce magasin.
b) Nous habitons dans cet appartement.
c) Ils préparent / Vous préparez cette affiche.
d) Ce soir, nous allons au cinéma.
e) Tu as ces billets?

Aufgabe 10

a) Tu as **quel** âge?
b) Tu vas à **quelle** école?
c) Tes cours commencent à **quelle** heure?
d) Tu parles **quelles** langues?
e) Tu lis **quels** livres?

Aufgabe 11

a) **Quelles** activités est-ce que tu aimes?
b) **Quel** animal est-ce que tu préfères?
c) **Quels** sports est-ce que tu fais?
d) **Quelle** matière est-ce que tu aimes à l'école?
e) **Quel(s)** CD est-ce que tu aimes écouter?

Aufgabe 12

a) Quel train est-ce que nous prenons aujourd'hui?
b) De quelle gare est-ce que le train part?

Aufgabe 13

a) J'invite **toute** ma famille pour mon anniversaire.
b) Et j'invite aussi **toutes** mes copines.
c) Mais pas **tous** mes copains.

d) Et attention, **tout** le gâteau est pour moi. Non, je rigole ;-)
e) Il est pour **tout** le monde.

Aufgabe 14
a) toute la journée
b) tout le temps
c) tous mes CD
d) tous nos amis

Aufgabe 15
a) IO	te
b) IO	leur
c) DO	les
d) DO	t'
e) DO	la
f) IO	lui

Aufgabe 16
a) Elle **le** met dans son sac.
b) Elle **les** déteste vraiment.
c) Il **l'**écoute souvent.
d) Elle **lui** montre aujourd'hui.
e) Elle **lui** donne.

Aufgabe 17
a) Oui, il **les** invite aujourd'hui.
b) Oui, nous **le** fêtons.
c) Oui, je **lui** donne le cahier.
d) Oui, elle **leur** montre son bulletin.

Aufgabe 18
a) Nous ne **vous** entendons pas bien.
b) Je ne veux pas **les** inviter.
c) Tu ne vas pas **lui** demander?

Aufgabe 1

a) Je **suis** Marie.
b) **Tu** es le frère de Léo?
c) On **est** de Paris.
d) Nous **sommes** ici.
e) **Vous** êtes Mme Roche?
f) Elles **sont** sympas.

Aufgabe 2

a) il / elle a
b) ils / elles ont
c) j'ai
d) nous avons
e) vous avez
f) tu as

Aufgabe 3

Bonjour, je **suis** Yann. Et voilà, mon copain. C'**est** Marcel. J'**ai** un frère et un chien aussi. Nous **sommes** au collège Balzac. Et vous Sarah et Aline, vous **avez** aussi des frères et sœurs?

Aufgabe 4

a) Manon et Pierre ont un chien.
b) Nous avons un chat.
c) Vous êtes la mère de Julie?
d) Pierre et Alex sont les frères de Marie.

Aufgabe 5

aller	**faire**
allons	faisons
allez	font
va	fais
vont	faites
vais	fait
vas	

Aufgabe 6

a) je fais
b) tu fais
c) elle fait
d) nous faisons
e) vous faites
f) ils font

Aufgabe 7

a) Je **vais** au ciné.
b) Tu **vas** où?
c) On **va** à l'école?
d) Nous y **allons**.
e) Vous y **allez**?
f) Elles **vont** chez Léo.

Aufgabe 8

- Salut, tu **fais** tes devoirs?
- Non, je ne **fais** pas mes devoirs. Et vous, vous **faites** des jeux?
- Non, nous **allons** à la maison. Mais mon frère **va** au parc.
- Il **fait** du vélo?
- Non, avec ses copains, ils ne **font** pas du vélo, mais du roller. Et après, ils **vont** au cinéma.

Aufgabe 9

je cherche, tu cherches, on cherche, nous cherchons, vous cherchez, elles cherchent

Aufgabe 10

										[3] A						
										D			[8] R			
								[6] É	C	O	U	T	E	N	T	
							[2] T			R			G			
				[1] C	[4] H	E	R	C	H	E	S		[9] A	I	M	E
			[7] J		A		O						R			
			O		B		U						D			
			U		I		V						E			
			E		T		E									
[5] C	H	A	N	T	E	Z										
			T													

Aufgabe 11

manger je mange
acheter tu achètes
payer il paie
préférer elle préfère
appeler on appelle
commencer nous commençons
préférer vous préférez
appeler ils appellent
commencer elles commencent

Aufgabe 12

Aujourd'hui, nous ne **mangeons** pas à la maison, nous **préférons** aller dans un restaurant. Papa nous invite et il **paie** l'addition. Mais d'abord, j'**appelle** ma copine Estelle et nous **achetons** des nouveaux vêtements en ville.
Pourquoi? C'est mon anniversaire aujourd'hui … La journée **commence** bien :-)

Aufgabe 13

a) Tu **attends** ta sœur?
b) Oui, j'**attends** Julie. Et mon frère l'**attend** aussi.
c) Vous **attendez** M. Legrand?
d) Non, nous n'**attendons** plus M. Legrand. Il est trop tard, mais M. et Mme Cissé l'**attendent** encore.

Aufgabe 14

descendre	je descends	nous descendons
perdre	tu perds	vous perdez
entendre	il entend	ils entendent
répondre	elle répond	elles répondent
vendre	on vend	nous vendons

Aufgabe 15

a) Je réponds à la lettre de Mamie.
b) Vous vendez aussi des livres?
c) A table, tu m'entends Charlotte?
d) Ma sœur perd souvent ses clés.
e) Nous descendons à la station «St-Michel».

Aufgabe 16

dormir	**choisir**
je dors	il choisit
nous dormons	vous choisissez
ils dorment	elles choisissent

Aufgabe 17

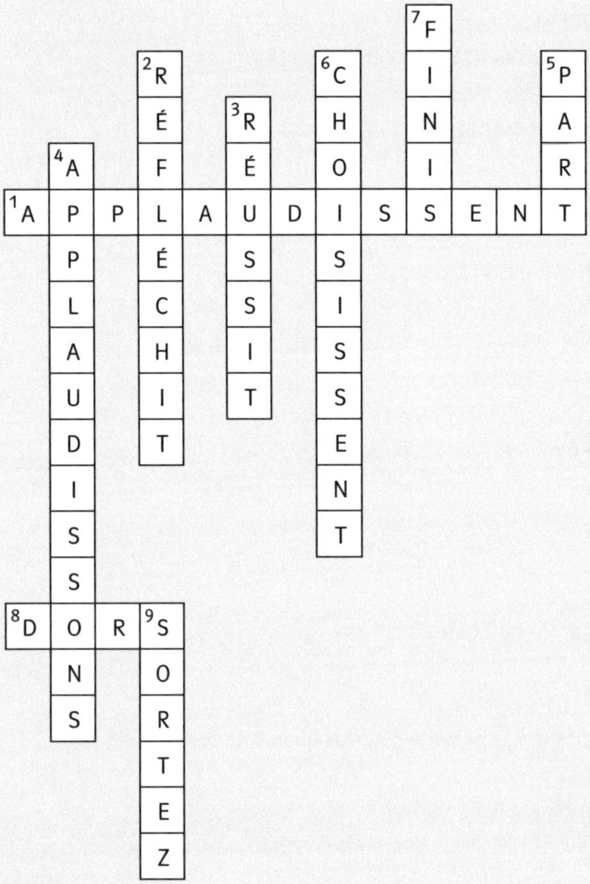

Aufgabe 18

écrire	**lire**	**dire**
j'écris	tu lis	je dis
on écrit	nous lisons	il dit
vous écrivez	vous lisez	vous dites
ils écrivent	elles lisent	ils disent

Aufgabe 19

Le film est drôle. Je **ris** beaucoup, mon mari **rit** aussi.
Et les enfants? Ils jouent dans la chambre et **rient**.
Alors, nous **rions** beaucoup dans notre famille :-)

Aufgabe 20

a) Tu écris une lettre?

- Non, je n'écris pas une lettre. Avec Jamie, nous écrivons un poème.

b) Mamie lit un livre?

- Non, papi et mamie lisent le journal.

c) Tu ne dis rien?

- Oui, je ne dis rien!

d) Vous riez? Pourquoi?

- Nous rions parce que le film est trop drôle.

Aufgabe 21

- Tu **veux** aller au cinéma avec Aurélie?
- Oui, nous **voulons** regarder le nouveau film de Brad Pitt
- Vous ne **voulez** pas voir le film avec Jean Dujardin?
  Nicolas et Félix **veulent** voir son nouveau film.
- Oh, non … Je ne **veux** pas voir ce film. Je le connais déjà!

Aufgabe 22

je prends, nous prenons, ils prennent, tu prends

Aufgabe 23

- Vous **pouvez** arrêter, les enfants? Je ne **peux** pas travailler avec cette musique!
- Nous **pouvons** regarder la télé? …
- Oui … Vous **savez** où est mon sac les enfants?
- Non maman, nous ne le **savons** pas. Mais demande à papa. Il le **sait** peut-être.

Aufgabe 24

- Qu'est-ce que vous **buvez**, les enfants?
- Moi, je **bois** un jus d'orange.
- Et nous, nous **buvons** de l'eau. Tu **ouvres** la bouteille, s'il te plaît?
- Bien sûr, j'**ouvre** la bouteille. Et pour mamie et papi, nous **ouvrons** la bouteille de champagne.

Aufgabe 25

je viens – nous venons – ils viennent – tu viens

Aufgabe 26

vous voyez	nous mettons	tu vois
elles mettent	on met	nous voyons

Aufgabe 1

a) Tu vas aller au cinéma.
b) Vous allez faire vos devoirs?
c) Ton frère ne va pas lire le livre.
d) Marie et Romain vont écouter un CD de musique pop.
e) Je ne vais pas manger.
f) Nous allons regarder un film.

Aufgabe 2

a) On **va comprendre** le texte.
b) Vous **allez parler** allemand.
c) Ils **vont manger** un gâteau.
d) Les filles **vont acheter** un livre.
e) Je **vais raconter** une histoire.
f) Nous **allons aller** à l'école.
g) Elle **va faire** les courses.

Aufgabe 3

a) **Je** vais faire mes devoirs.
b) **Nous** allons préparer une fête.
c) **Ils** vont regarder la télé.
d) **Tu** vas acheter une robe.
e) **Elle** va aller au cinéma.
f) **Vous** allez inviter Léa.

Aufgabe 4

a) Demain, je vais venir chez toi.
b) Samedi, il va aller au concert.
c) Elle va ouvrir la fenêtre.
d) Les garçons vont regarder un match de foot.
e) Lundi, tu vas raconter une histoire.
f) Vous allez boire un café.

Aufgabe 5

a) Non, elle ne va pas ouvrir la fenêtre.
b) Non, il ne va pas chercher un cadeau d'anniversaire.
c) Non, nous n'allons pas prendre le bus.
d) Non, tu ne vas pas arriver en retard.
e) Non, je ne vais pas faire une promenade.
f) Non, ils ne vont pas partir en vacances.
g) Non, on ne va pas boire un café.

Aufgabe 6

a) il va chercher
b) tu vas venir
c) vous allez dire
d) je vais travailler
e) nous allons acheter
f) elles vont écrire

Aufgabe 7

a) Va à la piscine.
b) Préparons la fête.
c) Mangez beaucoup.
d) Lisons le texte.
e) Cherche le téléphone.
f) Invitez les voisins.
g) Faites les courses.
h) Regardons un film.
i) Achète deux pommes.

Aufgabe 8

a) **Regardons** un film ensemble!
b) **Invite** ta copine à notre fête.
c) **Téléphone** à Jean.
d) **Achetons** quelque chose à manger.
e) **Lisez** le texte.
f) **Ouvrez** la porte.
g) **Viens** avec moi.

Aufgabe 9

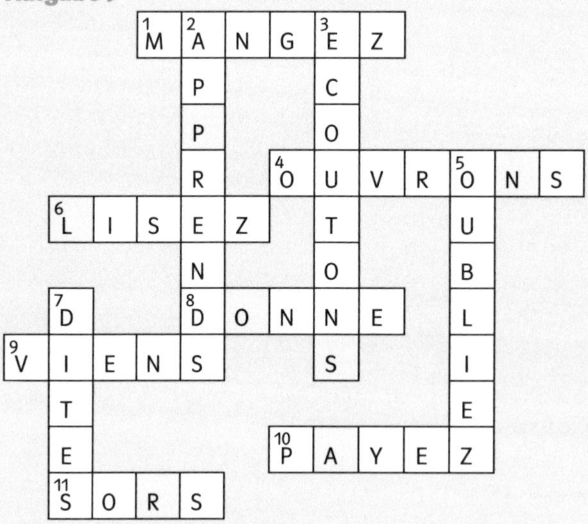

Lösungswort: **P A R L O N S**

Aufgabe 1

a) elle a regardé
b) j'ai travaillé
c) nous avons discuté
d) vous avez écouté
e) tu as expliqué
f) elles ont préparé

Aufgabe 2

j'ai attendu	attendre
nous avons pris	prendre
ils ont bu	boire
tu as écrit	écrire
vous avez été	être
elles ont eu	avoir

Aufgabe 3

a) elle est allée
b) je suis parti(e)
c) nous sommes entré(e)s
d) vous êtes venu(e)s
e) ils sont arrivés
f) tu es rentré(e)
g) elles sont descendues
h) il est tombé

Aufgabe 4

Passé composé* mit *avoir	***Passé composé* mit *être***
préparer	arriver
pouvoir	monter
manger	rester
jouer	venir
avoir	aller
faire	tomber

Aufgabe 5

Agathe est arrivé**e** à la gare de Bordeaux. Antoine et Emilie sont venu**s**. Les trois sont allé**s** en ville. Ils se sont promené**s**. Mais après une heure, Antoine est part**i**. Il a rencontr**é** Pierre et Karim et ils ont jou**é** au foot tout l'après-midi. Pour les filles, la journée s'est bien passé**e**. Les deux filles sont rentré**es** et le soir, elles sont sorti**es**. Elles se sont bien amus**ées**. Agathe a beaucoup aim**é** ce week-end à Bordeaux.

Aufgabe 6

a) Aujourd'hui, je suis allée en ville.
b) J'ai attendu ma copine Amélie devant le Louvre.
c) Amélie est arrivée en retard.
d) J'ai rencontré Amélie à 15 heures.
e) Nous sommes montées sur la tour Eiffel.
f) Nous sommes restées 1 heure sur la tour Eiffel et nous sommes descendues.

Aufgabe 7

Tu n'as rien fait hier?
Mon père n'a pas travaillé aujourd'hui.
Nous ne sommes pas allés à la piscine.
Ils n'ont rien acheté.
Je n'ai pas rangé ma chambre.

Aufgabe 8

a) Je n'ai pas trouvé mon appareil photo.
b) Tu n'as rien vu?
c) Nous n'avons plus cherché la BD.
d) Elles ne sont pas arrivées en retard.
e) Vous n'avez pas compris l'histoire?
f) On n'a pas regardé la télé hier.
g) Ils n'ont rien fait.
h) Je n'ai jamais vu le film de Jean Dujardin.
i) Tu n'as plus envie d'aller au cinéma?

Aufgabe 1

a) un homme **fatigué** (dahinter)

b) une **autre** fille (davor)

c) un texte **intéressant** (dahinter)

d) une voiture **rouge** (dahinter)

e) un **beau** garçon (davor)

Aufgabe 2

a) un ancien élève

b) un homme seul

c) un seul homme

d) une chambre propre

Aufgabe 3

masculin	**féminin**	**masculin**	**féminin**
petit	**petite**	**heureux**	heureuse
rouge	rouge	cher	**chère**
joli	**jolie**	**vrai**	vraie

Aufgabe 4

a) des filles heureuses

b) des bons CD

c) des nouvelles amies

d) des vieux portables

Aufgabe 5

E	**T**	**E**	**R**	**R**	**I**	**B**	**L**	**E**	**A**	U	**B**
I	D	R	D	I	G	I	R	B	**L**	A	**L**
H	**E**	**U**	**R**	**E**	**U**	**X**	I	C	**L**	T	**E**
A	E	L	T	V	F	O	G	H	**E**	X	**U**
E	F	X	F	L	N	L	S	E	**M**	N	A
H	**L**	**O**	**N**	**G**	C	I	**B**	**E**	**A**	**U**	E
F	G	T	R	N	E	U	S	R	**N**	R	**B**
A	S	F	U	R	H	L	O	F	**D**	C	**L**
C	O	**V**	**R**	**A**	**I**	F	G	S	U	H	**A**
I	D	**I**	G	V	C	**A**	**N**	**C**	**I**	**E**	**N**
L	I	**E**	C	T	E	T	C	T	E	F	**C**
E	A	**U**	N	F	**J**	A	O	C	L	V	N
G	D	**X**	R	O	**E**	V	X	I	S	I	O
S	A	E	E	L	**U**	G	**S**	E	F	R	P
O	G	V	T	S	**N**	**O**	**U**	**V**	**E**	**A**	**U**
L	A	N	G	N	**E**	G	**R**	S	C	F	A

terrible	terrible
bleu	bleue
sûr	sûre
long	longue
vrai	vraie
ancien	ancienne
beau	belle
nouveau	nouvelle
blanc	blanche
heureux	heureuse
vieux	vieille
jeune	jeune
allemand	allemande
facile	facile

Aufgabe 6

a) La maison est très **jolie**.

b) Le garçon est **jeune**.

c) La voiture est **grande**, mais elle est déjà **vieille**.

d) Mon **ancienne** école est très **vieille**.

e) Chaque jour, nous mangeons du pain **frais**.

f) Sarah est très **heureuse** aujourd'hui.

g) Marie et Julie sont très **sportives**.

h) J'ai une **petite** sœur et un **grand** frère.

i) Il aime le **nouvel** hôtel parce qu'il est **grand**.

j) Mes chaussures sont **neuves**, mon t-shirt est **neuf** et ma jupe est **neuve**.

Aufgabe 7

a) C'est un livre très intéressant.

b) C'est une chambre propre.

c) Cette voiture chère est blanche.

d) C'est une bonne amie.

e) Ce petit enfant aime les gâteaux.

f) L'autre homme est vieux.

g) Le vieil homme est sportif.

h) Ces pommes rouges sont fraîches.

i) La jeune femme est heureuse.

j) Nous regardons un nouveau film.

k) Je n'aime pas les nouveaux films.

l) La grande fille et le jeune garçon mangent beaucoup.

Aufgabe 8

a) Strasbourg est plus grand que Paris.

b) Nathan est meilleur en allemand que son frère.

c) Léa est plus sportive que sa copine.

Aufgabe 9

a) – Oui, c'est le plus vieux village de France.

b) – Oui, c'est le meilleur restaurant de la ville.

c) – Oui, c'est la femme la plus riche du monde.

d) – Oui, ce sont les meilleures chanteuses d'ici.

Aufgabe 10

a) Ma jupe est plus belle / jolie que ta jupe.

b) Mes amis sont plus sportifs que tes amis.

c) Ma maison est la plus belle de la ville.

d) Sarah et Marc sont mes meilleurs amis.

e) Je suis aussi bon(ne) en maths que Manon.

f) Manon est meilleure en maths que Théo.

Aufgabe 11

a) gratuitement

b) vraiment

c) sûrement

d) dangereusement

e) élégamment

f) rapidement

g) gentiment

h) bien

i) différemment

j) mal

Aufgabe 12

a) dernier, dernière

b) lent, lente

c) vrai, vraie

d) gentil, gentille

e) méchant, méchante

Aufgabe 13

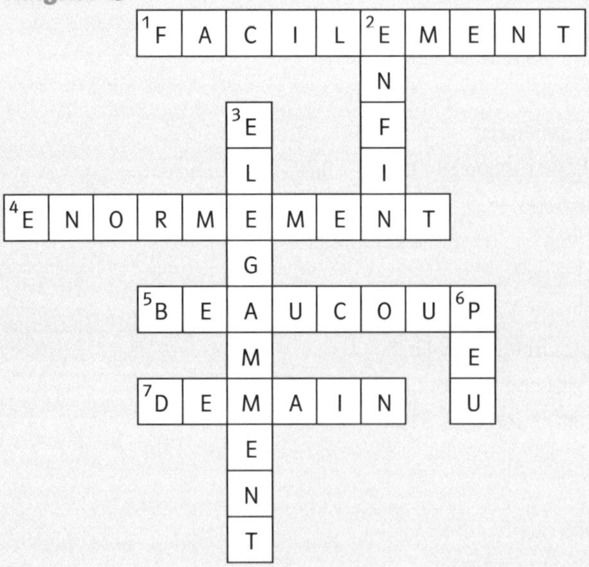

Aufgabe 14

1. Les pommes sont vraiment fraîches.	Die Äpfel sind wirklich frisch.
2. Il oublie souvent ses devoirs.	Er vergisst oft seine Hausaufgaben.
3. Elle parle sûrement lentement.	Sie spricht sicher langsam.

Aufgabe 15

a) Malheureusement, il pleut. / Il pleut malheureusement.
b) Elle est souvent en retard. / Souvent, elle est en retard.
c) Ils ont facilement gagné le match. / Ils ont gagné le match facilement.
d) Nous avons préparé le gâteau ensemble.
e) Elle danse élégamment.
f) Ils sont arrivés d'Allemagne hier. / Hier, ils sont arrivés d'Allemagne.
g) Elle parle rapidement.
h) Elles sont vraiment gentilles.
i) Il a complètement oublié ses devoirs.

Aufgabe 16

a) Regardons un film **ensemble**.
b) Le prof est **vraiment** méchant.
c) Il est arrivé **tard**.
d) **Malheureusement**, elle a oublié ses chaussures.
e) La voiture arrive **rapidement**.
f) J'aime **beaucoup** mon chien.
g) **Demain**, nous allons lire un texte.

Aufgabe 17

a) La fille est très **heureuse**.
b) C'est **vraiment** un homme **gentil**.
c) Ce livre est **drôle** mais un peu trop **long**.
d) Il a **sûrement** oublié ses devoirs.
e) Elle danse **élégamment** mais elle n'est pas **gentille**.
f) Il apprend **facilement** les langues.
g) Les langues sont **faciles**.

Aufgabe 1

a) 13
b) 4
c) 8 – 3
d) 29
e) 11
f) 26
g) 32
h) 56
i) 84

Aufgabe 2

S	O	E	G	Z	N	**S**	T	V	S	**O**	O	L
Q	X	N	L	E	D	**O**	E	G	I	**N**	E	X
U	H	**C**	**I**	**N**	**Q**	**I**	Q	**D**	D	**Z**	I	E
A	I	Z	V	Q	T	**X**	N	**O**	X	**E**	V	S
T	Q	O	I	S	I	**A**	X	**U**	T	I	Q	O
O	X	S	E	R	R	**N**	E	**Z**	Z	R	L	Z
R	O	**V**	**I**	**N**	**G**	**T**	**R**	**E**	**N**	**T**	**E**	H
Z	Z	T	E	I	T	**E**	O	Q	T	R	Z	I
E	**S**	X	Q	S	X	Z	S	O	L	S	G	**C**
N	**E**	L	G	N	H	N	E	X	I	T	N	**E**
S	**I**	**Q**	**U**	**A**	**R**	**A**	**N**	**T**	**E**	E	X	**N**
N	**Z**	E	Z	D	I	S	O	Q	D	S	T	**T**
Q	**E**	O	X	I	**M**	**I**	**L**	**L**	**E**	V	Z	E

Aufgabe 3

a) 43
b) 33
c) 29
d) 89
e) 52
f) 76
g) 188
h) 1904
i) 839
j) 103
k) 9327
l) 300572

Aufgabe 4

a) dix-septième

b) trente-deuxième

c) cent-unième

d) premier

e) 72^{e}

f) 990^{e}

g) 1000^{e}

h) 453^{e}

i) 24^{e}

Aufgabe 5

3	**trois**	troisième
21	vingt-et-un	**vingt-et-unième**
59	**cinquante-neuf**	cinquante-neuvième
87	**quatre-vingt-sept**	**quatre-vingt-septième**
1	un	**premier**
42	quarante-deux	**quarante-deuxième**
93	**quatre-vingt-treize**	quatre-vingt-treizième
38	**trente-huit**	**trente-huitième**
613	six-cent-treize	**six-cent-treizième**
9000	**neuf-mille**	neuf-millième
77	soixante-dix-sept	**soixante-dix-septième**

Aufgabe 6

a) Il est deux heures cinq.

b) Il est sept heures et demie.

c) Il est onze heure dix.

d) Il est minuit.

e) Il est quatre heures et quart.

f) Il est sept heures moins vingt.

g) Il est une heure vingt-trois.

h) Il est onze heures moins vingt.

Aufgabe 7

a) 

b) 

c) 

d) 

Aufgabe 1

a) Est-ce qu'**il lit un livre?**

b) Est-ce que les élèves sont en vacances?

c) Est-ce que vous faites beaucoup de sport?

d) Est-ce qu'elle veut s'acheter un nouveau portable?

e) Est-ce qu'il s'appelle Jacques?

Aufgabe 2

a) Qu'est-ce que **Kévin a acheté?**

b) Pourquoi est-ce qu'**elle n'est pas allée à l'école hier?**

c) Quand **est-ce qu'ils rentrent?**

d) Comment **est-ce que le garçon s'appelle?**

e) Où **est-ce que la famille de Sylvie habite?**

Aufgabe 3

a) **Quelle** heure est-il?

b) **Quel** pull est-ce qu'il préfère?

c) **Quels** chiens sont noirs?

d) **Quelles** maisons sont grandes?

e) **Quelles** voitures arrivent?

Aufgabe 4

a) Quelle musique est-ce qu'elle préfère?

b) Quel film est-ce qu'on va voir ?

c) Quels livres est-ce qu'il aime ?

Aufgabe 5

a) **À qui** est-ce que tu donnes le livre?

b) **De quoi** est-ce que tu rêves?

c) **À qui** est-ce qu'elle écrit souvent des lettres?

d) **À qui** est-ce qu'il téléphone?

e) **De quoi** est-ce que Sandra a peur?

f) **À qui** est-ce que Manu et Marie parlent?

g) **De quoi** est-ce que ta mère ne parle pas souvent?

Aufgabe 6

a) Pourquoi est-ce qu'il ne va pas à l'école?
b) Quelle musique est-ce qu'elle aime?
c) Quand est-ce qu'ils sont arrivés?
d) Est-ce que tu as vu le film?
e) Qu'est-ce que ton chien a fait?
f) À qui est-ce que vous pensez?
g) Quel homme habite à Paris?
h) Où est-ce que Sarah et Claire habitent?
i) Comment est-ce qu'il a fait son travail?
j) De quoi est-ce que les filles parlent?

Aufgabe 1

1.	Le chat	est	vieux.
	Subjekt	Prädikat	Attribut
2.	Il	parle	à sa copine.
	Subjekt	Prädikat	Objekt
3.	Elles	pensent	aux vacances.
	Subjekt	Prädikat	Objekt
4.	Marie	aime	la musique rock.
	Subjekt	Prädikat	Objekt
5.	Mon pull	est	bleu et rouge.
	Subjekt	Prädikat	Attribut

Aufgabe 2

Subjekt	**Prädikat**	**Objekt**	**Attribut**
Marie	**a**	un chien.	
Le chien de Marie	Est		jeune.
Le livre	**coûte**	12 euros.	
L'élève	a oublié	**ses devoirs.**	
La maison	est		**vieille.**
L'homme	**habite**	à Toulouse.	
Elles	sont		blondes.

Aufgabe 3

a) Non, le prof n'est pas gentil avec les élèves.
b) Non, nous n'avons pas vu le film de Johnny Depp.
c) Non, ils ne vont pas acheter la maison.
d) Non, les filles ne parlent pas beaucoup.

Aufgabe 4

a) Nous **n'allons pas** au cinéma.
b) Elle **ne lit plus** beaucoup.
c) Il **n'écoute jamais** Tokio Hotel.
d) Les amis **ne sont pas** dans la même école.
e) Cet exercice **n'est plus** difficile.
f) Marie et Julie **ne parlent plus** à Tom.
g) Tu **ne trouves rien** sur Internet ?

Aufgabe 5

a) La voiture n'est pas arrivée rapidement.

b) Le chat n'a rien mangé.

c) Je n'ai plus regardé la télé.

d) Tu n'as pas oublié tes devoirs.

e) Nous ne sommes jamais allé(e)s à la piscine.

f) L'homme n'a pas acheté le pull rouge.

Aufgabe 6

a) Non, je ne veux pas de fromage.

b) Non, il n'a pas de voiture noire.

c) Non, ce n'est pas un livre intéressant.

d) Non, nous n'aimons pas la musique techno.

Aufgabe 7

a) Non, je n'ai **pas de** livres.

b) Non, il n'est **pas** allemand.

c) Non, je ne prends **pas de** jus.

d) Non, la voiture n'est **pas** jaune.

Aufgabe 8

a) Non, elle n'est **plus** malade.

b) Non, il ne mange **plus de** viande.

c) Non, ils ne vont **plus** à l'école.

d) Non, je ne veux **plus de** pommes.

Aufgabe 9

1c Rex n'est pas un chien noir.
2d Vous n'aimez pas le sucre.
3b Ce ne sont pas des livres intéressants.
4a Il ne prend pas de lait.
5e Tu ne veux plus rien manger?
6f Il ne mange plus de viande.

Aufgabe 10

1. La mère donne	**le livre**	à son enfant.
	direktes Objekt	indirektes Objekt
2. Marie écrit	une lettre	**à Anne**.
	direktes Objekt	**indirektes Objekt**
3. Romain mange	**le gâteau**	de Sylvie.
	direktes Objekt	indirektes Objekt
4. Ils parlent	**au prof**	du film.
	direktes Objekt	indirektes Objekt

Aufgabe 11

1. Jean donne un CD à Luc.
2. Il parle à Sophie de ses vacances.
3. Claire lit le livre de son père.
4. Les élèves écrivent une lettre au directeur.
5. Elle répond à la question de ses parents.

Aufgabe 12

Subjekt	**Prädikat**	**direktes Objekt**	**indirektes Objekt 1**	**indirektes Objekt 2**
Jean	donne	un CD	à Luc.	
Il	parle		à Sophie	de ses vacances.
Claire	lit	le livre	de son père.	
Les élèves	écrivent	une lettre	au directeur.	
Elle	répond		à la question	de ses parents.

Aufgabe 13

a) C'est un village **qui** est en France.
b) C'est un garçon **que** j'aime beaucoup.
c) C'est un village **où** les gens parlent beaucoup.
d) Luc est l'homme **qu'**elle aime.
e) Paris est la ville **où** je veux habiter.
f) Marie est la fille **qui** est encore jeune.
g) Voilà la femme **qui** habite à côté de moi.
h) Voilà le livre **que** je déteste.
i) Voilà la maison **où** j'habite.

Aufgabe 14

a) Il veut regarder des films qui sont nouveaux.
b) Elles prennent le bus à Lille où elles habitent.
c) Je veux lire le livre que tu m'as donné.
d) Il faut acheter un ticket qui coûte 2 euros.

Aufgabe 15

a) Le prof dit que nous sommes vraiment gentils.
b) La fille répond qu'elle est vraiment méchante.
c) Léo pense qu'il est très fatigué.
d) Elle raconte qu'elle aime beaucoup la musique anglaise.
e) Léa dit qu'elle veut aller au cinéma.
f) Cédric dit que son frère mange tout le temps.

Aufgabe 16

a) La fille demande s'il aime le fromage.
b) Le prof demande si les élèves sont gentils.
c) La mère demande à son fils s'il fait ses devoirs.
d) Cécile demande à son père s'ils mangent au restaurant.

Aufgabe 17

a) Elle dit **qu'**elle ne vient pas.
b) Il demande **si** l'exercice est difficile.
c) Les élèves demandent **si** le prof est méchant.
d) Lena dit **qu'**elle a beaucoup de devoirs.
e) La mère de Luc demande **s'**il fait beaucoup de sport.
f) Nathalie demande **si** la fête est aujourd'hui.
g) Mme Breton dit **que** le chien est noir.
h) Alma demande **si** Paris est en France.
i) Antoine répond **que** Berlin est en Allemagne.

Aufgabe 18

a) Je donne le livre à ma mère.
b) Voilà le livre que j'ai donné à ma mère.
c) Je n'ai pas de chaussures.
d) L'homme n'a plus d'argent.
e) La femme dit qu'elle est malade.

Wörterliste

à	in, nach, um, bis …
à côté de	neben
à table	am / an den Tisch
acheter	(ein)kaufen
une **activité**	eine Freizeitbeschäftigung
une **addition**	eine Rechnung
adorer	lieben
une **affiche**	ein Plakat, ein Poster
l'âge	das Alter
aider qn	jdm helfen
aimer	mögen, lieben
un **album**	ein Album
l'**allemand** (m.)	Deutsch
allemand(e)	deutsch
aller	gehen
alors	nun, jetzt, dann
une **ambiance**	eine Atmosphäre
un(e) **ami(e)**	ein Freund, eine Freundin
l'**amour** (m.)	die Liebe
un **an**	ein Jahr
ancien(ne)	(ur)alt,
anglais(e)	englisch
un **animal**	ein Tier
un **anniversaire**	ein Geburtstag, ein Jubiläum
un **anorak**	ein Anorak
un **appareil photo**	ein Fotoapparat
un **appartement**	eine Wohnung, ein Appartment
appeler	(an)rufen
s'appeler	heißen
applaudir	Beifall klatschen, applaudieren
apprendre	lernen

après	nach
un **après-midi**	ein Nachmittag
arrêter	aufhören
arriver	ankommen
attendre	warten
aujourd'hui	heute
aussi	auch
autre	andere(r,s)
avec	mit
avoir	haben
un **ballon**	ein Ball
une **banane**	eine Banane
une **BD**	ein Comic
beau	schön, hübsch
beaucoup (de)	viel
bien	gut
un **billet**	eine Karte, ein Schein
blanc / blanche	weiß
bleu(e)	blau
blond(e)	blond
boire	trinken
bon	gut
Bonjour	Guten Tag
une **bougie**	eine Kerze
une **bouteille**	eine Flasche
un **bulletin**	ein Zeugnis
un **bus**	ein Bus
C'est	Das ist
un **cadeau**	ein Geschenk
un **café**	ein Kaffee, ein Café
un **cahier**	ein Heft
une **caméra**	eine Kamera
une **cantine**	eine Kantine
un **CD**	eine CD
un **CDI**	Informationszentrum für Schüler

un(e) **certain(e)**	ein bestimmte(r,s)
une **chambre**	ein Zimmer
un **champagne**	ein Champagner, ein Sekt
une **chanson**	ein Lied
chanter	singen
chaque	jede(r,s)
un **chat**	eine Katze
un **château**	ein Schloss
chaud(e)	warm, heiß
une **chaussette**	eine Socke
une **chaussure**	ein Schuh
cher / chère	teuer, lieb
chercher	suchen
chez	bei
un **chien**	ein Hund
un **chocolat**	eine Schokolade
choisir	Aussuchen
un **ciel**	der Himmel
un **cinéma**	ein Kino
une **classe**	eine Klasse
un **clé**	ein Schlüssel
un **club**	ein Klub
un **coca**	eine Cola
un **collège**	ein Collège
commencer	anfangen, beginnen
comment	wie
complètement	eine Ergänzung
un **concert**	ein Konzert
un **concombre**	eine Gurke
conduire	fahren
une **confiture**	eine Konfitüre, eine Marmelade
connaître	kennen
continuer	weitermachen
un(e) **copain / copine**	ein Freund, eine Freundin
une **cour**	ein Hof

courir	laufen
un **cours**	ein Kurs, ein Fach
les **courses** (f.)	die Einkäufe
court(e)	kurz
coûter	kosten
un **crayon**	ein Bleisitift
une **crêpe**	ein Crêpe, ein dünner Pfannkuchen
croire	glauben
un **croissant**	ein Croissant, ein Hörnchen
une **cuisine**	eine Küche
d'accord	einverstanden
dangereux(-euse)	gefährlich
danser	tanzen
demain	morgen
demander	fragen
de quoi	woran, worüber
dernier	letzte(r,s)
descendre	aussteigen, heruntergehen
un **dessin**	eine Zeichnung
dessiner	zeichnen
détester	hassen
un **devoir**	eine (Haus-)Aufgabe
différent(e)	anders
difficile	schwierig
dire	sagen
un **directeur**	ein Direktor
discuter	diskutieren
un **disque**	eine CD, eine Platte
donner	geben
dormir	schlafen
drôle	lustig
un **DVD**	eine DVD
une **eau**	ein Wasser
une **eau minérale**	ein Mineralwasser
une **école**	eine Schule

écouter	zuhören
écrire	schreiben
élégant(e)	elegant
un(e) **élève**	ein Schüler
en	in
en ville	in der Stadt
un **enfant**	ein Kind
enfin	endlich
énorme	riesig
en retard	verspätet
ensemble	zusammen
entendre	hören
entrer	hereingehen
une **équipe (de foot)**	eine (Fußball)Mannschaft
un **escalier**	eine Treppe
et	und
les **États-Unis**	die USA
être	sein
un **exercice**	eine Übung
expliquer	erklären
facile	einfach
faire	machen, tun
faire la cuisine	kochen
faire les courses	einkaufen
une **famille**	eine Familie
faux / fausse	falsch
fatigué(e)	müde
une **femme**	eine Frau
une **fenêtre**	ein Fenster
une **fête**	eine Party, eine Feier
fêter	feiern
une **fille**	Mädchen, Tochter
un **film**	Film
finir	aufhören
une **fleur**	Blume

le **foot**	Fußball
fou / folle	verrückt
frais / fraîche	frisch
le **français**	Französisch
un(e) **Français(e)**	ein Franzose / eine Französin
un **frère**	ein Bruder
froid(e)	kalt
un **fromage**	ein Käse
gagner	gewinnen
un **garçon**	ein Junge
une **gare**	ein Bahnhof
un **gâteau**	ein Kuchen
gentil(le)	nett, freundlich
une **gomme**	ein Radiergummi
grand(e)	groß
une **grand-mère**	eine Großmutter
un **grand-père**	ein Großvater
gratuit(e)	gratis
gros(se)	dick
une **guitare**	eine Gitarre
habiter	wohnen
heure	eine Stunde
heureux	glücklich
hier	gestern
une **histoire**	eine Geschichte
un **homme**	ein Mann
un **hôpital**	ein Krankenhaus
un **hôtel**	ein Hotel
ici	hier
une **idée**	eine Idee
il y a	es gibt
une **infirmerie**	ein Krankenzimmer
intéressant(e)	interessant
s'intéresser	sich interessieren
inviter	einladen

italien(ne)	italienisch
le **jambon**	der Schinken
un **jardin**	ein Garten
jeune	jung
un **jeu** / les **jeux**	ein Spiel / Spiele
joli(e)	hübsch
jouer	spielen
un **jour**	ein Tag
un **journal**	eine Zeitung
une **journée**	ein Tag (im Verlauf)
une **jupe**	ein Rock
un **jus d'orange**	ein Orangensaft
là	da, dort
là-bas	dort, dorthin
le **lait**	die Milch
une **langue**	eine Sprache
lent	langsam
une **lettre**	ein Brief
lire	lesen
un **livre**	ein Buch
long	lang
lundi (m.)	Montag
un **magasin**	ein Geschäft
maintenant	jetzt
mais	aber
une **maison**	ein Haus
malade	krank
maman	Mama
mamie	Oma
manger	essen
un **marché**	ein Markt
un **mari**	ein Ehemann
un **match**	ein Match, ein Spiel
une **matière**	ein Fach
le **matin**	der Morgen

mauvais(e)	schlecht
méchant(e)	böse
la **mer**	das Meer
la **mère**	die Mutter
mettre	setzen, legen, stellen
les **meubles** (m.)	die Möbel
midi	Mittag
le **miel**	der Honig
minuit	Mitternacht
moche	hässlich
mon / ma / mes	mein, meine
monter	hinaufgehen, -steigen
montrer	zeigen
la **musique**	die Musik
né(e)	geboren
ne ... pas	nicht
ne ... plus	nicht mehr
ne ... rien	nichts
la **neige**	der Schnee
neuf / neuve	neu
noir(e)	schwarz
non	nein
nouveau / nouvelle	neu
offrir	anbieten
un **oignon**	eine Zwiebel
un **ordinateur**	ein Computer
ou	oder
où	wo, wohin
Où est-ce que ...?	Wo...?
oublier	vergessen
oui	ja
ouvrir	öffnen
une **page**	eine Seite
le pain	das Brot
un **pantalon**	eine Hose

papa	Papa
une **papeterie**	ein Schreibwarengeschäft
papi	Opa
le **papier**	das Papier
parce que	weil
pareil	ähnlich, gleich
les **parents** (m.)	die Eltern
parler	sprechen
participer	teilnehmen
partir	weggehen
pauvre	arm
payer	zahlen
pendant	während
penser	denken
perdre	verlieren
le **père**	der Vater
petit(e)	klein
un **petit-déjeuner**	ein Frühstück
un peu (de)	ein wenig / bisschen (von)
la **peur**	die Angst
peut-être	vielleicht
une **photo**	ein Foto
un **piano**	ein Klavier
une **piscine**	eine Schwimmhallte
une **plage**	ein Strand
plaire	gefallen
pleuvoir	regnen
un **poème**	ein Gedicht
le **poivre**	der Pfeffer
une **pomme**	ein Apfel
un **portable**	ein Handy
une **porte**	eine Tür
poser	stellen
une **poubelle**	ein Abfalleimer
pour	für, um … zu

pourquoi	warum
pouvoir	können
préférer	bevorzugen
prendre	nehmen
préparer	vorbereiten
un **problème**	ein Problem
prochain	Nächster
un(e) **professeur(e)**	der / die LehrerIn
la promenade	der Spaziergang
propre	sauber
puis	dann
un **pull**	ein Pulli
quand	während
quel	welcher
quelque chose	etwas
que	dass als Konjunktion ; Relativpronomen
Qu'est-ce que . . .!	Was …?
une **question**	eine Frage
qui	wer
raconter	erzählen
la **radio**	das Radio
rapide	schnell
recevoir	bekommen, erhalten
réfléchir	nachdenken
regarder	ansehen, anschauen, betrachten
rentrer	zurückkommen
répondre	antworten
un **restaurant**	ein Restaurant
rester	bleiben
réussir	gelingen
revenir	zurückkommen
rêver	träumen
riche	reich
rigoler	Spaß haben / herumalbern
rire	lachen

une **robe**	das Kleid
rouge	rot
une **salade**	der Salat
une **salle de bains**	das Badezimmer
samedi (m.)	Samstag
savoir	wissen, kennen
seul(e)	allein
une **sœur**	eine Schwester
le **soir**	der Abend
sortir	weg- / hinausgehen
souvent	oft
le **sport**	der Sport
sportif(-ive)	sportlich
une **station**	eine Station, eine Haltestelle
un **stylo**	ein Füller
le **sucre**	der Zucker
super	super
un **supermarché**	ein Supermarkt
sûr(e)	sicher, gewiss
sympa	nett
tard	spät
la **télé**	das Fernsehen
téléphoner à	telefonieren
le **tennis**	das Tennis
un **texte**	ein Text
un **ticket**	eine Eintrittskarte, eine Fahrkarte
les **toilettes** (f.)	die Toilette
une **tomate**	eine Tomate
tomber	fallen
tôt	zeitig
toujours	immer
la **tour Eiffel**	der Eiffelturm
tout à coup	plötzlich
tout le temps	immer
un **train**	ein Zug

le **travail**	die Arbeit
travailler	arbeiten
très	sehr
trop (de)	zu, zu viel
une **trousse**	ein Federmäppchen
trouver	finden
un **T-Shirt**	ein T-Shirt
les **vacances** (f.)	die Ferien, der Urlaub
vendre	verkaufen
venir	kommen
vers	gegen
vert(e)	grün
un **vêtement**	ein Kleidungsstück
la **viande**	das Fleisch
vieux / vieille	alt
un **village**	ein Dorf
une **ville**	eine Stadt
le **vin**	der Wein
vivre	leben
voilà	da(s) ist / sind
voir	sehen
un **voisin**	ein Nachbar
une **voiture**	ein Auto
vouloir	wollen
vrai(e)	wahr
un **yaourt**	ein Joghurt

Verzeichnis grammatischer Fachausdrücke

Französischer Begriff	**Übersetzung**	**Beispiel**
l'adjectif *(m.)*	das Adjektiv / Eigenschaftswort	grand(e), bleu(e)
l'adverbe *(m.)*	das Adverb / Umstandswort	maintenant
l'article défini *(m.)*	der bestimmte Artikel	le / la / l' / les
l'article indéfini *(m.)*	der unbestimmte Artikel	un / une
l'article partitif	der Teilungsartikel	Je vais acheter du lait et de la farine
l'adjectif démonstratif *(m.)*	der Demonstrativbegleiter / hinweisendes Fürwort	ce / cet / cette / ces
le comparatif	der Komparativ (die erste Steigerungsstufe)	Léa est moins grande que Malika. Malika court plus vite que Léa.
le déterminant	der Begleiter	ce, un, une, chaque, tout…
le discours indirect	die indirekte Rede	Elle a dit qu'elle était malade.
le féminin	das Femininum (die weibliche Form)	une amie (weibliche Form: die Freundin)
le futur composé / le futur proche	die zusammengesetzte Zukunft	Je vais manger.
le genre	das Genus / das Geschlecht	un ami (männliche Form: der Freund) une amie (weibliche Form: die Freundin)
l'imparfait *(m.)*	das Imperfekt / die Vergangenheitsform	Je marchais dans la rue quand j'ai rencontré Pierre.
l'impératif *(m.)*	der Imperativ / die Befehlsform	Ecoute!

Französischer Begriff	Übersetzung	Beispiel
l'interrogation indirecte	die indirekte Frage	Elle a demandé si tu venais.
le masculin	das Maskulinum (die männliche Form)	un ami (männliche Form: der Freund)
la négation	die Verneinung	Je ne sais pas. Vous n'avez pas mangé?
le nom	das Nomen / Substantiv / Hauptwort	les copains, la rue…
les nombres cardinaux	die Grundzahlen	un, deux, trois…
les nombres ordinaux	die Ordnungszahlen	premier, deuxième…
le participe passé	das Partizip Perfekt	J'ai préparé un gâteau.
le passé composé	das Perfekt	J'ai fait mes devoirs.
le pronom personnel, le pronom sujet	das Personalpronomen / das persönliche Fürwort, das Subjektpronomen	Je / tu / il…
le pluriel	der Plural / die Mehrzahl	Les élèves / des copains
le déterminant possessif / l'adjectif possessif	der Possessivbegleiter / das besitzanzeigende Fürwort	mon frère ta sœur
la préposition	die Präposition / das Verhältniswort	Il est à Paris. Elle est avec Victor. Regarde sur Internet.
le présent	das Präsens / die Gegenwart	Je travaille à l'école.
le pronom	das Pronomen / Fürwort	Je les aime. J'en prends deux kilos.
le pronom objet direct indirect	das Objektpronomen direkt indirekt	 Il la regarde. Elle lui parle.
le pronom relatif	das Relativpronomen / bezügliche Fürwort	Léa est une fille qui est très sportive. C'est un garçon que j'aime beaucoup.

Französischer Begriff	Übersetzung	Beispiel
la proposition relative	der Relativsatz	Léa est une fille qui est sympa.
le singulier	der Singular / die Einzahl	une fille, le copain
le substantif	das Nomen / Hauptwort	le copain, la rue…
le sujet	das Subjekt / der Satzgegenstand	Léo aime les dessins. Elle va à l'école.
le superlatif	der Superlativ (die höchste Steigerungsstufe)	Léa est la plus jolie fille de notre collège.
le verbe	das Verb / Tätigkeitswort	ecouter, pouvoir, savoir, écrire …
les verbes pronominaux	die reflexiven Verben	Nous nous amusons bien. Tu te caches?

Alles im Griff!

Endlich kapiert

- Schritt-für-Schritt-Erklärungen zeigen, wie's geht
- Viele Übungsaufgaben mit ausführlichen Lösungen
- Extra: Online-Abschlusstests nach jedem Kapitel

Jeder Titel
14,99 €

ISBN 978-3-12-927223-7

ISBN 978-3-12-927224-4

ISBN 978-3-12-927225-1

ISBN 978-3-12-927226-8

ISBN 978-3-12-927227-5

ISBN 978-3-12-927225-1